21世紀に登場した
新たなるヒーローたち！

仮面ライダー大全

平成編 上

［キャラクター大全コンパクト］

↑優れたオートバイテクニック
を生かし、グロンギを追う。

↑子供好きな性格で、妹が勤め
る保育園の園児とも仲が良い。

↑強敵が出現した際は人知
れず特訓をし、技を磨く。

↑グロンギの非道な行動に
怒り、死闘を繰り広げる。

↑グロンギとの戦いを終え、
再び長き旅に出かけていく。

五代雄介

（出演／オダギリジョー）

"2000の技"を持つ若き冒険家！

人々の笑顔を守るため、自らの命をも懸ける！

　世界各国を旅する若き冒険家。日本に帰国するまでに〝1999の技〟を会得しており、2000番目の技として仮面ライダークウガへの変身能力を身につけた。どんな苦境に立たされても周囲の人間に対しての配慮を忘れず、「大丈夫‼」と笑顔でサムズアップを決める心優しい青年。警視庁の一条 薫刑事の協力のもと、謎の集団・グロンギと命を懸けて戦う。

↓右脚に封印エネルギーを集中させ、マイティキックを炸裂させる。

↑100mを5.2秒で走破する能力を生かし、敵に突撃を敢行。

↑戦力・能力のバランスに優れ、あらゆる状況に対応できる形態。

超古代戦士クウガ

超古代文明人・リントが変身した超人。

↑15mの跳躍力でグロンギの攻撃をかわし、キック力も強化する。

↑クウガの姿を見た警察から"未確認生命体第4号"と呼称される。

仮面ライダークウガ

グロンギの復活に呼応し、現代に蘇った超古代の戦士!

霊石アマダムの力で五代が変身した姿!

五代雄介が、超古代戦士の変身ベルト・アークルに内蔵された霊石アマダムの力で変身した姿。当初は五代の意思に応じて基本形態から4種のフォームに変身していたが、電気ショックによってライジングの各フォーム、最終形態に超変身するようになった。

マイティフォーム

クウガの基本形態で"炎のごとく邪悪を打ち倒す戦士"と記されていた。人間の数十倍の運動神経と超感覚を身につけており、キック、パンチを中心とした格闘戦でグロンギに立ち向かっていく。

↑運動能力はマイティの半分だが、人間を遥かに凌ぐ怪力を発揮できる。

↑グロンギの放った武器が突き刺さり、グローイングになった事もある。

グローイングフォーム

戦士としての決意が中途半端な時や、エネルギーを消耗し、体力が著しく低下している際に変身する、クウガの未完成形態。頭のクラウンが短い。

ドラゴンフォーム

瞬発力と跳躍力が飛躍的に強化された形態で、棒状の物質を専用武器・ドラゴンロッドに変化させる。"流水のごとく邪悪を薙ぎ払う戦士"と記されていた。

↓スプラッシュドラゴンは、ドラゴンロッドで敵に封印エネルギーを打ち込む技。

↑グロンギの追撃を逃れるため、30mの跳躍力を生かしてビルからビルへと跳び移る。

ペガサスフォーム

全身の感覚神経が極限まで強化され、視覚、聴覚、嗅覚が鋭くなった形態。"疾風のごとく邪悪を射抜く戦士"で、遠距離射撃攻撃を行う。

↑専用武器・ペガサスボウガンで、空中から襲いくる敵を撃破する。

↑初変身の際、研ぎ澄まされた感覚がコントロールできずに苦しんだ。

↓専用マシンの始動キー・トライアクセラーをタイタンソードに変化させる。

↑"鋼の鎧を身につけ、地割れのごとく邪悪を切り裂く戦士"と記されていた。

タイタンフォーム

上半身が強固な生体装甲に覆われ、腕力を始めとした運動能力が大幅に強化された形態。専用武器・タイタンソードの一撃でグロンギを粉砕する。

仮面ライダークウガ

↑宿敵であるゴ・バダー・バに猛然とダッシュし、止めの一撃を打った。

↑右脚に装備されたマイティアンクレットの力で必殺キックを打ち込む。

ライジングマイティ

ライジングパワーによってマイティフォームが強化された形態で〝赤の金のクウガ〟とも呼ばれる。これまで以上に格闘能力がアップしているが、活動時間は30秒に限定されてしまう。

↑50m上空へ跳躍し、ライジングドラゴンロッドを使って空中大車輪。

↑必殺技・ライジングスプラッシュドラゴンで、敵を空中へ投げ飛ばす。

ライジングドラゴン

ドラゴンフォームがライジングパワーによって強化された形態で〝青の金のクウガ〟とも呼ばれる。両端に剣がついた武器・ライジングドラゴンロッドを使用。

ライジングペガサス

〝緑の金のクウガ〟とも呼ばれる形態で、ペガサスフォームがライジングパワーで強化された姿。射撃能力が向上したが、30秒間しか変身できない。

↑超感覚がより強化。専用武器はライジングペガサスボウガン。

↑グロンギの銃で肩部を射抜かれ、戦力が低下したこともある。

ライジングタイタン

タイタンフォームがライジングパワーで強化された形態で〝紫の金のクウガ〟とも呼ばれる。全身の筋肉が更に発達した。

↑タイタンフォームの数倍の怪力が発揮できる。防御力も向上。

↑ライジングタイタンソードを振り上げ、敵を一刀両断にする。

アメイジングマイティ

金の力を身につけたグロンギ、ゴ・ガドル・バを倒すため、クウガが再度電気ショックを受けて強化変身を遂げた姿。戦闘力が飛躍的に高まった。

↑憎しみの心に囚われた黒い目が、本来の姿らしい。

↑ン・ダグバ・ゼバと最終決戦を展開。

↑大気中のプラズマを自在に操り、発火現象を起こす。

アルティメットフォーム

"聖なる泉涸れ果てし時、凄まじき戦士雷のごとく出て太陽は闇に葬られん"と記されていたクウガの最終形態で、その戦闘力はグロンギの支配者であるン・ダグバ・ゼバと同等らしい。

↑全身の赤い部分が全て黒に変化したことが特徴といえる。

↑両脚にマイティアンクレットを装着。

↑最強技・アメイジングマイティキックを繰り出す。

↑五代はアークルを装着し、グローイングフォームに変身。ズ・グムン・バに挑んだ。

↑戦いを決意し、マイティフォームとなった五代は燃え盛る教会で死闘を繰り広げる。

一条の計らいでトライチェイサー2000を手にしたクウガは、マシンテクニックを駆使してグロンギを追い詰める。

↑敵の跳躍戦法に翻弄され、本来の力が出せないクウガは、キックを浴びてダウン。

↑一条に剣の手ほどきを受けた五代はタイタンに超変身。敵に捨て身の攻撃を試みる。

↑ズ・ザイン・ダの怪力に立ち向かうため、トライチェイサー2000で猛アタックを敢行。

↑水中から襲いかかってくるメ・ビラン・ギにドラゴンフォームのロッド攻撃で対抗。

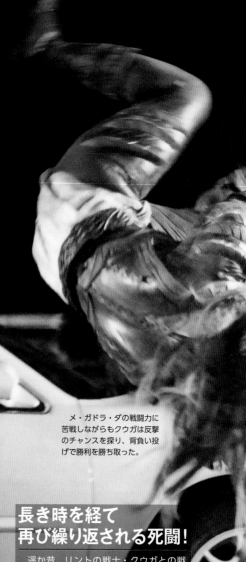

メ・ガドラ・ダの戦闘力に苦戦しながらもクウガは反撃のチャンスを探り、背負い投げで勝利を勝ち取った。

長き時を経て再び繰り返される死闘!

　遥か昔、リントの戦士・クウガとの戦いに敗れ、遺跡に封印されたグロンギが現代に蘇り再び殺人ゲームを開始しようとしていた。だが、同じく遺跡の棺より発見された変身ベルト・アークルを装着した五代雄介が、伝説の戦士・クウガに変身。超古代に行われた正義と悪の対決が再び現代で繰り返される事となる。

超変身! 人類を狩る謎の一族を封印する"伝説の力"とは?

↑毒の胞子のために死の淵に立たされた五代は、電気ショックで復活、敵に反撃する。

↑電気ショックの影響でライジングとなった。

↑ライジングドラゴンの力で敵を海に飛ばす。

獲物を精神的に追い詰める殺人ゲームを展開するゴ・ジャラジ・ダに、クウガの怒りの一撃が炸裂する。

→グロンギとのマシン戦に敗れたが、新マシンを手にして超高速バトルに挑む。

↑マシンでゴ・ザザル・バを地下へ運び、必殺技で止めを刺す。

↑究極体となったゴオマには、クウガの攻撃も通用しなかった。

↑大型客船でゴ・ジャーザ・ギと対決し、2本の剣で切り裂く。

↑ゴ・バベル・ダの怪力に対抗し、ビートチェイサーで突進。

↑アメイジングマイティの力を得て、ゴ集団の最強怪人に挑戦。

↑雪深き九郎ヶ岳遺跡でン・ダグバ・ゼバとの最終対決が始まる。

↓肉弾戦を展開中、互いの変身ベルトが破壊されるが、なおも戦いは続いた。

警視庁が次期白バイ隊用車両として開発した試作車！

トライチェイサー2000

↑マシンを高くジャンプさせ、敵に突進する。

↑最高時速300kmで敵を追跡し、攻撃を仕掛ける。

ブラックヘッド

五代が使用するガンメタリックのカラーリング。

トライチェイサー2000A

後に白バイ隊用に開発された、量産タイプ車両。

ゴールドヘッド

0008に登録してあるクウガ専用のカラーリング。五代からクウガに変身した際は、体色にマッチしたこのカラーを使用する。

採算を度外視し、様々な性能が搭載された！

警視庁が次期白バイ隊用車両として開発した試作車で、正式名称は〝トライアルチェイサー2000年型〟。採算を度外視して製作され、優れた登坂能力や車体カラーを変化させるマトリクス機能等が装備されている。一条 薫刑事によって五代雄介（クウガ）に託され、以後は仮面ライダークウガの専用マシンとなった。

ポリスヘッド
クウガが初使用した際の、基本カラーリング。

↑切り立った崖なども走り登っていく。

ブルーライン
一条がクウガのもとに運んできた際のカラーリングで、五代が普段使用する時もこの形態。

レッドライン
車体に装備されたマトリクス機能を使用し、クウガ用のカラーリングに変化させたもの。暗証番号0015を入力するとこの色に変わる。

クウガ専用マシンとして科警研が製作！

ビートチェイサー2000

↑ボディが、形状記憶合金「BT鋼」で作られている。

↑マシンを走行させたまま、敵を攻撃する事も多くなる。

常人には耐えられないほどの高速走行が可能！

クウガが使用する事を前提として、科警研が設計・製作したニューマシン。常人では耐えられない時速420kmで走行し、グロンギと戦闘を繰り広げる。

…ヤブル…イヤで…る場所…できる。

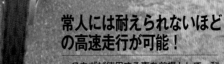

↑森や林などの悪路も走破し、敵を追撃する。

トライチェイサー2000にゴウラムが合体！

トライチェイサー2000にゴウラムが融合合体し、誕生する装甲二輪車で、クウガの〝鉄の馬〟ともいわれる。最高時速400kmで突進し、前部にある鋭い角を突き刺して敵に封印エネルギーを送り込む事ができる。

装甲機によって強化された〝鉄の馬〟！

トライゴウラム

ゴウラム

超古代文明人・リントが製作した〝馬の鎧〟で、現代においてはバイクの装甲になる。人工知能が内蔵されており、クウガの指令に従って戦いをフォロー。

遺跡から破片の状態で発掘され、現代に蘇った。

↑トライゴウラムアタックという突進必殺技で敵を破壊。

↑合体時、トライチェイサーの車体に負担を掛けてしまう。

↑エネルギーを使い切ると活動を停止する弱点を持つ。

ビートゴウラム

ベース車変更により、パワーアップ

↑マシンを急停車させ、その反動によって敵を吹き飛ばす。

鋭い角で敵に封印エネルギーを送り込む!

ビートチェイサー2000にゴウラムが融合合体した形態で、性能がトライゴウラムの約1.5倍に強化された。角でグロンギの怪人を捕らえ、時速570kmで人気のない場所へ運搬する。

ライジングビートゴウラム

ライジングマイティがビートゴウラムにライジングエネルギーを注入し、強化変形させた。体当たり戦法で敵に封印エネルギーを流し込む。

主要登場人物

一条薫
（出演／葛山信吾）

未確認生命体事件を担当する警視庁の刑事で、五代の協力者。

ジャン・ミッシェル・ソレル
（出演／セルジュ・ヴァシロン）

城南大学の大学院生であり、発掘調査を専門とする考古学者。

沢渡桜子
（出演／村田和美）

城南大学・考古学研究室の大学院生。古代文字の解析が専門。

朝比奈奈々
（出演／水原詩生）

飾玉三郎の姪で、女優を目指して大阪から上京してきた。

五代みのり
（出演／葵若菜）

五代の妹で"わかば保育園"の保育士。笑顔が良く似合う女性。

夏目実加
（出演／竹岡由夏）

考古学者、夏目教授の一人娘。父を未確認生命体に殺された。

飾玉三郎
（出演／きたろう）

喫茶店"ポレポレ"の経営者。両親がいない五代兄妹を育てた。

松倉貞雄
（出演／石山雄大）

未確認生命体関連事件特別合同捜査本部で陣頭指揮を執る。

椿秀一
（出演／大塚よしたか）

関東医大病院に勤める法医学士。一条の高校時代からの友人。

杉田守道
（出演／松山鷹志）

現場叩き上げの刑事で、情に厚い性格。事件を捜査していく。

榎田ひかり
（出演／水島かおり）

科警研の法医第一研究室の責任者。未確認生命体を研究する。

桜井剛
（出演／米山信之）

杉田の後輩刑事で、クウガの戦いを事細かに記録している。

グロンギ

長野県の九郎ヶ岳遺跡から蘇った、超古代の好戦的な先住民族。通常は人間と同じ姿をしているが、動植物の姿と戦力・能力を持つ怪人に変身し、"ゲゲル"と呼ばれる殺人ゲームで集団内の階級や序列を決定する。グロンギ語という独自の言語を使用。

（声の出演／夏井貴浩）

未確認生命体第0号

遺跡の地中深くに眠る推定200体以上もの未確認生命体を蘇らせた、グロンギの支配者的な存在。

（声の出演／坂口哲夫）

ズ・グムン・バ

長野県警ビルを襲撃した蜘蛛種怪人。口から強く太い糸を吐いて敵を捕らえ、手の甲の爪で切る。

ズ・ゴオマ・グ（B群2号）

夜行性の蝙蝠種怪人で、動物の生き血を好む。"ゲゲル"の掟を破ったために参加資格を失い、下働きのような屈辱的な日々を送っていた。

（出演／藤王みつる）
人間体

（出演／七森美江）

ラ・バルバ・デ（B群1号）

額に薔薇の刺青を施した魔性の美女で、"バラのタトゥの女"とも呼ばれる。"ゲゲル"の管理者。

（出演／森雅晴）
人間体

未確認生命体第31号（B群4号）

ズ集団随一の切れ者で、人間文化の吸収を担当。怪人としてクウガと対決する事はなかった。後にメ集団へとランクアップ。

（声の出演／西條久美子）
（出演／白鳥智香子）
人間体

ズ・メビオ・ダ第5号

俊敏かつしなやかな戦闘を得意とする女豹種怪人。気性が激しく、警察隊に右目を攻撃された事を怒り、執拗に敵の目を狙う。

（出演／小川信行）
人間体

ズ・バヅー・バ（B群5号）

現代で正式な"ゲゲル"を開始したファーストプレイヤー。優れた跳躍力を身につけたバッタ種怪人で"脅威のジャンパー"とも呼ばれる。

（出演／野上彰）
人間体

ズ・ザイン・ダ第22号（B群3号）

ズ集団のリーダー的存在。凄まじい怪力と防御力を誇るが、知能についてはやや不安が残る。

ズ・ジャモル・レ第13号

ズ集団に属するヤモリ種怪人。クウガマイティフォームと対決した事が新聞で報じられたが、戦力・能力については不明。

（出演／河合秀）
人間体

メ・バヂス・バ第14号

ズ集団よりも上位に当たるメ集団に属する蜂種怪人。空中を時速200kmで飛行し、数千m上空から敵の頭部に毒針を打ち込む。

（出演／白井雅士）
人間体

メ・ギイガ・ギ第21号

体内で生成した爆発性体液を口から噴射する烏賊種怪人。全身が対ショックボディーになっており、打撃技をものともしない。

（出演／大橋寛展）
人間体

メ・ビラン・ギ第23号（B群7号）

獰猛な肉食のピラニア種怪人。水中戦を得意とし、鋭い歯と両腕のカッターで敵を攻撃する。

（出演／石橋直）
人間体

メ・ギャリド・ギ第24号

人間が作ったものに強い興味を示すヤドカリ種怪人。住処にしているトラックを走行させ、次々と殺人を実行していた。

（出演／西川義郎）
人間体

メ・ガドラ・ダ第25号

ストロングタイプの虎種怪人で、何者をも恐れずに猛然と襲いかかる。左上腕部に巻きつけたチェーンでクウガの首を攻撃する。

（出演／青山雄一）
人間体
ギノガ変異体

メ・ギノガ・デ第26号

猛毒の胞子を"死の接吻"で人体へと注入し、命を奪う菌種怪人。クウガに倒された後、驚異的な生命力で変異体として復活。

（出演／森雅晴）
人間体

メ・ガルメ・レ第31号（B群4号）

メ集団に格上げされたカメレオン種怪人。周囲の色彩を感知し、体色を変化させて姿を隠す。

メ・ガリマ・バ 未確認生命体第36号（B群6号）（出演／飯島美穂・山口凉子改め）人間体

メ集団で最強の戦力を誇る蟷螂種怪人。大鎌を振り回し、すれ違いざまに敵の体を切断する。

ヌ・ザジオ・レ（出演／高月忠）

グロンギの武器職人で、装飾品の修復やカウンターボードの製作等を担当する。山椒魚種怪人ではあるが、その姿を白日の下に晒すことはない。

ラ・ドルド・グ 未確認生命体第47号（B群9号）（出演／婆娑羅天明）人間体

"ゲゲル"のプレイヤーが殺した獲物を数える、コンドル種人。トンファーで敵を攻撃。

ゴ・ブウロ・グ 未確認生命体第37号（出演／高尾晃市）人間体

メ集団よりも更に上位にあるゴ集団に所属する梟種怪人。"ゲリザギバス・ゲゲル"という高等ゲームのファーストプレイヤー。

ゴ・ベミウ・ギ 未確認生命体第38号（出演／伊藤聖子）人間体

人間の死で"革命のエチュード"を演奏する海蛇種怪人。鞭を零下150℃の低温状態にし、敵の心臓を打って麻痺させる。

ゴ・ガメゴ・レ 未確認生命体第39号（出演／酒井一圭）人間体

頑丈な体と超怪力を持った亀種怪人。指輪を巨大な鉄球に変化させ、全てを粉々に粉砕した。クウガの打撃技をも跳ね返した。

ゴ・バダー・バ 未確認生命体第41号（B群8号）（出演／小川信行）人間体

バッタ種怪人で、ズ・バヅー・バの双子の兄。装飾品をオートバイに挿し、専用武器に変える。

ゴ・ジャラジ・ダ 未確認生命体第42号（出演／大川征義）人間体

ヤマアラシ種怪人。神出鬼没の暗殺者で獲物に精神的苦痛を十分に与えた後、死に導く。ダーツの矢を連続して投げつけてくる。

ゴ・ザザル・バ 未確認生命体第43号（出演／朝倉ちあき）人間体

タクシーやエレベーター等を次々と襲い、乗っている人間を襲った蠍種怪人。長い爪から強酸性の溶解液を放出し、敵を溶かす。

ズ・ゴオマ・グ 未確認生命体第3号（B群2号）究極体 人間体 強化体（出演／藤江）

長い間虐げられてきたゴオマ人間体が、謎の金属破片を体内に押し込み、変身した姿。強化体から究極体へと変化していく。

ゴ・ジャーザ・ギ 未確認生命体第44号（B群10号）剛力体 俊敏体（出演／あら）人間体

老人や子供など、弱者ばかりを襲う鮫種怪人。俊敏体の時は銛を武器にし、剛力体になると巨大剣を振り上げて敵を攻撃する。

ゴ・バベル・ダ 未確認生命体第45号（B群12号）剛力体 格闘体（出演／）人間体

怒濤のラッシング・パワーで敵を追い詰めるバッファロー種怪人。格闘の際はメリケンサック、剛力体はハンマーを使用。

ゴ・ガドル・バ 未確認生命体第46号（B群11号）電撃体 人間体 俊敏体 格闘体 剛力体 射撃体（出演／軍司眞人）

クウガと同様に超変身能力を持ち、戦闘に応じて格闘体から俊敏体、射撃体、剛力体になるカブトムシ種怪人。ダグバとの"ザギバス・ゲゲル"を前に電撃体への能力も身につけた。

ン・ダグバ・ゼバ 未確認生命体第0号（B群13号）（出演／浦井健治）人間体

グロンギの支配者で"究極の闇をもたらす者"と呼ばれる最強種人。超自然発火能力を使用して大都市に次々と火災を発生させ、人間を抹殺していった。

製作スタッフ

原作/石森章太郎 スーパーバイザー/小野寺章(石森プロ) プロデュース/松田佐栄子(テレビ朝日)・白倉伸一郎・武部直美・塚田英明(東映) 脚本/井上敏樹・小林靖子 監督/田崎竜太・長石多可男・六車俊治(テレビ朝日)・石田秀範・鈴村展弘・佐藤健光・金田治・渡辺勝也 アクション監督/山田一善・宮崎剛(ジャパン・アクション・クラブ) 音楽/佐橋俊彦 撮影/松村文雄・いのくままさおほか VE/石川友一・江島公昭 音声/大井徹・堀江二郎ほか 照明/佐藤隆・大寶学ほか 美術/大嶋修一 装飾/高桑道明・小林正樹(大晃商会)ほか 小道具/高津装飾美術 装置/紀和美建 メイク/藤田久美子(サンメイク) 衣裳/鎌田裕子・馬場恭子(東京衣裳新社)ほか 操演/高木良善(ライズ) 助監督/鈴村展弘・黒木浩介ほか 記録/深澤いずみ・國米美子ほか 制作主任/小迫進・東正信ほか 制作進行/上田歩史 警察車両/旭商会 車両/昭和興業 カースタント/高橋輝男・西村信宏(タケシレーシング) 編集/長田直樹・本田吉孝 EED/緩鹿秀隆・田中泰晴(TOVIC) MA/渡辺典夫・薄井洋明 選曲/金成謙二 音響効果/大野義彦(大泉音映) オペレーター/倉林若菜・錦織真理ほか キャラクターデザイン/早瀬マサト(石森プロ)・鈴木和也(PLEX)ほか アンノウンデザイン/出渕裕・草彅琢仁 アイコン/タイムハウス 資料担当/飯田浩司(石森プロ) 造型/前澤範・蟒川昌宏(レインボー造型企画)ほか VFXスーパーバイザー/沖満 ビジュアルエフェクト/柳原嘉宣・豊 直康(日本映像クリエイティブ)ほか モニターグラフィックス/小林真吾・三田邦彦(ProjectM.H.R.K-R)ほか 制作担当/沼尾和典・竹内洪太 制作事務/斉藤健・青柳夕子 制作/テレビ朝日・東映・ADK

目覚めろ、その魂

アギトの力！

2001年(平成13年)1月28日〜
2002年(平成14年)1月27日放映

仮面ライダーアギト
MASKED RIDER AGITO

津上翔一

（出演／賀集利樹）

"過去の記憶をなくした"既に仮面ライダーである男"！

体に内包された超人的な力を理解できず、苦悩する！

フェリー船"あかつき号"で謎の光を浴び、人の進化形態"アギトの力"が覚醒した青年。その後、船から投げ出されて記憶を喪失し、美杉義彦の元に居候することになった。本能的にアギトに変身、アンノウンとの戦いに身を投じていく。

↑美杉家では家事を担当。菜園で野菜を育てている。

↑津上翔一と呼ばれているが、本名は沢木哲也。

↑アンノウンが出現すると、自分の意思にかかわらずオートバイで現場に急行。アギトとなって戦闘を展開。

↑フライパンでテニスをするという天然な面をみせるが、運動神経は抜群。

↑アンノウンとの戦いを終えた1年後、レストラン「アギト」を開業。平和に暮らす。

仮面ライダーアギト

人間が進化した"未来の姿"とされる戦士!

グランドフォーム

"超越肉体の金"と呼ばれるアギトの基本形態で、パワーとスピードのバランスに優れている。その名の通り、大地の力が漲る肉体を駆使して敵を格闘戦で粉砕していく戦士。

賢者の石から発生するオルタフォースの影響により、超越的な力を得る!

津上翔一の体内に秘められた"アギトの力"が目覚め、人間の未来の姿(進化形態)に変身した姿。腹部に現れる変身ベルト・オルタリングの中央部にある"賢者の石"と、その左右に位置する"ドラゴンズアイ"の力で基本形態から様々な形態にチェンジしていく。

↑最大能力発揮時には頭部のクロスホーンが展開する。

ストームフォーム

"超越精神の青"はスピードに秀で、風の力を左腕に宿した形態。専用武器・ストームハルバードを使用。

↑武器を使用せず、キック、パンチ等の肉弾攻撃を行う。

フレイムフォーム

"超越感覚の赤"は特にパワーを強化した形態で、右腕に炎の力を宿す。フレイムセイバーという刀を持つ。

↑オルタリングの中央部から強い光を発しながら登場。

アギトに進化した者たち

沢木雪菜 (出演/笠間あゆみ)

この世に誕生した最初のアギトは、津上翔一の姉、沢木雪菜が変身した。

国枝広樹 (出演/堀部圭士)

翔一の恩人である国枝の息子、広樹もアギトになり、命を落としていた。

↑2種の武器でファイヤーストーム・アタックを打つ。

↑ライダーシュートという必殺キックを敵に決める。

トリニティフォーム

大地、風、炎の力を合わせ持つ"三位一体"の戦士で、翔一が一時的に記憶を取り戻した際に変身した。ストームとフレイムの武器を使う。

バーニングフォーム

アギトの激しい怒りが炎と化し、全身から噴き出した際に変身した、最終形態の前段階の姿。バーニングライダーパンチを繰り出す。

↑シャイニングカリバーをエマージュモードから展開。

↑怒りの心を制御できず、暴走するケースもあった。

↓破壊力45tのシャイニング・ライダーキックで強力な超越生命体を粉砕する。

シャイニングフォーム

バーニングフォームが太陽の光を吸収したことでアギトの肉体と全能力が極限まで進化し、誕生した最強・最終形態。超高速で敵を撃破する。

↓シャイニングやバーニングに変身した時点で、クロスホーンは展開状態に。

↑シャイニングカリバー ツインモードの技、シャイニングクラッシュは強烈。

氷川 誠

"仮面ライダー"になろうとする刑事！

↑警察官としてアンノウンが関わる事件を捜査。

↑G3、G3-Xの装着員として常に体を鍛えている。

↑オートバイの運転が得意。ウイリー走行で敵を攻撃する。

↑昼食のサンドィッチから殺人事件の謎を解明していった。

↑G3システムを装着し、事件現場に出動していく。

そのほかの G3、G3-X システム装着者

北條 透（再演／仙崎 潤）
念願のG3装着員になったが、恐怖心にかられ、離脱する。

尾室隆弘（再演／柴田 時江）
アンノウン保護の任務を帯びてG3を装着し、出動した。

津上翔一（再演／賀集 利樹）
一時的にG3-Xの装着員になり、アンノウンと対決した。

警視庁・未確認生命体対策班所属のG3システム装着要員！

　香川県警時代に遭難中の〝あかつき号〟を単身救助した功績を認められ、警視庁・未確認生命体対策班に転属、G3システムの装着員に選抜された青年で、階級は警部補。責任感が強く、人命を救うためならどんな危険にも飛び込んでいくほどの熱血漢である。しかし、意外と不器用。

仮面ライダーG3

未確認生命体第4号のデータをもとに製作!

未確認生命体対策班の若き天才科学者・小沢澄子が設計し、企業連合体の協力を得て製作した強化装甲服で、正式名称は"第三世代型対未確認生命体戦闘用強化外筋及び外骨格"。常人の10倍のパワーを発揮する。

対グロンギ用の特殊強化装甲服!

↑G3の標準装備である自動小銃・GM-01スコーピオンでアンノウンを攻撃し、粉砕していく。

↓G3システムは、未確認生命体第4号（クウガ）の戦闘力・能力データ等をもとに開発されている。

仮面ライダーG3-X

VPシミュレーション

G3-X装着員の練習用システム。戦闘を疑似体験できる。

↑GA-04アンタレスからアンカーを発射し、敵を粉砕。ほかにも多くの武器を使用。

装着者に理想的な攻撃を促す!

G3をプロトタイプと位置づけた小沢澄子が、これまでに蓄積したデータをもとに開発した新たな特殊強化装甲服。全てにおいて性能がアップしている上に、装着員に理想的な攻撃を促すAI機能を搭載した最先端のシステムである。

葦原 涼

（出演／友井雄亮）

アギトの亜種、"ギルス"への変身能力が覚醒！

不完全な"変身"が体を蝕む！

リハビリ中の水泳選手であったが、復帰目前、アギトの亜種である"ギルスの力"が覚醒してしまい、アンノウンに命を狙われるようになった青年。その変身は不完全なものであり、肉体が徐々に蝕まれていく。

→"あかつき号"事件を調べるうちに翔一と知り合い、仲間となってアンノウンと戦った。

→将来を嘱望された水泳選手であったが、交通事故のために夢を絶たれてしまう。

↑変身の度にもがき苦しみ、腕が異形なものに変わった。

↑一度命を落とすが、風谷真魚の超能力で復活する。

↑最後の戦いを終え、子犬とともにどこかへ旅立った。

↓角・ギルスアントラーは、力が低下すると萎縮する。

←鋭い牙・デモンズファングクラッシャーで対象物を嚙み切る。

仮面ライダーエクシードギルス

風谷真魚から"力"をもらい、死から復活した葦原 涼が変身する、ギルスの究極戦闘形態。その際、変身によって体が蝕まれる副作用も解消された。体を瞬時に再生する力を持つ。

↑生体触手・ギルススティンガーで敵の体を貫く。

仮面ライダーギルス

アギトに近い戦闘力・能力を有する!

←空中からの踵落とし、ギルスヒールクロウが必殺技。

→強靭な脚力を生かして、空中殺法を繰り出す。

↑額にある第三の眼、ワイズマン・オーブには、敵の弱点を瞬時に見抜く超能力がある。

最大の危機を迎えた際、新たな進化を遂げた!

葦原 涼が変身する、アギトの亜種。体の状態によって形状が変化する角等、アギトとの類似点が多く、戦闘力・能力もほぼ互角といわれている。ギルスにパワーをもたらすのは変身ベルト・メタファクターの内部にある"賢者の石"。

木野 薫

《出演／菊池隆則》

自分以外の〝アギト〟の存在を許せない、天才外科医！

↑自分以外の人間がアギトになることが許せないようだ。

↑医師免許を剥奪され、現在は闇医者として活動する。

↑アンノウンとの対決のなか、徐々に翔一たちと協力していく。

↑専用マシンに乗り、アンノウンが起こした事件現場に現れる。

↑敵から翔一を救った時の怪我が致命傷となり、死亡する。

あかつき号メンバーの リーダー的人物！

謎の光を浴びて〝アギトのカ〟に目覚めた男性で、〝あかつき号〟事件に遭遇した関係者を取りまとめている。元はラミオ的な外科医であったが、雪山での遭難で右腕を負傷し、同時に弟を死なせてしまう。その時のトラウマから、全ての者を自分の手で救わなくてはならないという考えに取り憑かれ、アナザーアギトへの変身能力を使い、それを成し遂げようとした。

仮面ライダーアナザーアギト

木野の心の闇が表面化した形相を持つ！

↑闇の青年によってベルト内にある"賢者の石"を攻撃され、一度は変身能力を失ってしまうが、後に力を取り戻す。

↑口のクラッシャーを開いた後、必殺技のアサルトキックを敵に打ち込む。

↑突然右腕に痛みが走って突っ張り、戦闘不能になってしまう事も多かった。

↑謎の青年の超能力で炎に包まれたアナザーアギトは、最大の危機を迎える。

↑破壊力15tのパンチを放ち、あらゆる物体を完全に粉砕してしまう。

4人ライダー
アンノウンを操る闇の青年と、強敵ヘッジホッグロードを倒すため、アギト、G3‐X、ギルス、アナザーアギトが共闘し、挑んだ。

シャイニングフォームに匹敵するパワーを発揮！

"アギトの力"によって木野 薫が変身した戦士で、彼の心の闇を表面化したかのような形相をしている。その戦闘能力は非常に高く、パワー、スピードともにシャイニングフォームと互角である。変身当初は、肉体がアギトであることに適応できずに苦痛が伴ったが、やがて解消された。

限りなき力！
人間の進化を妨げる〝神々〟との対決！

ベルトから激しい光を放ちながら初登場したアギトは、一瞬で敵を粉砕し、消え去る。

超越生命体が発生させる事件に挑戦！

人間の〝創造主〟といわれる存在が次々と謎の生命体を出現させ、超能力を持つ者を抹殺していった。それを食い止めるため、人間の未来の姿と力を得た戦士・仮面ライダーアギトが登場。警視庁が開発したG3システム、アギトの亜種であるギルスとともに果てしなき戦いに突入していく。

↑G３も懸命に敵と戦うが、その力では敵にかなわず、戦闘不能に陥る。

↑地中を移動する超越生命体に手を焼き、苦戦するアギト。

↑２体の超越生命体に立ち向かうため、ストームフォームに姿を変える。

↑不完全な変身を遂げたギルスが、強敵に挑む。

↑空中攻撃を仕掛けてくる敵に、苦戦するアギト。

↑毒針を浴びたアギトは、必死に敵を倒そうとする。

↑アギトを上回るスピードで活動するジャッカルに翻弄された。

↑捕獲隊を相手に暴れるギルスを、G3が阻止。

↑ジャガーロードの集団攻撃に苦しみながらも、超越肉体で反撃。

↑高所から敵に飛びかかり、キックを放つ。

敵を撃破後、ギルスの猛攻撃を受けて川に落下したアギトは、記憶の一部が戻る。

↑トリニティフォームへの進化を遂げたアギトだが、変身は一度きりとなる。

↑水のエルに仕えるオルカロードを、必殺のライダーキックで粉砕。

↑装着者の命を消費しながら暴走するG4に、G3-Xが全力で立ち向かう。

↑もう一人の進化戦士、アナザーアギトが出現。一撃のもとに敵を打ち倒す。

←アギトが最終形態のシャイニングフォームに進化。敵を砕く。

↑クロウロードの襲撃を受けたギルスは、必殺のギルスヒールクロウを炸裂させる。

↑アナザーアギトの猛攻でギルスは瀕死状態に。

↑G3-Xの射撃が命中し、オウルロードは頭部が爆発したが怯まなかった。

↑死から蘇り、進化変身を遂げたエクシードギルスが、水のエルを追い詰める。

↑アギト、ギルス、アナザーアギトの必殺技が同時に決まり、強敵は爆発四散。

↑地のエルを倒したアギトは、闇の青年を包む光の中に突入した。

マシントルネイダー

翔一の愛車が"オルタフォース"の力で変形！

スライダーモード

闇の青年が与えた力により、マシントルネイダーがボード状に変形したもの。地上をホバリングし、時速720kmで移動。

←ライダーブレイクという、破壊力50tの突撃技を敢行。

↑アギトの意思で、タイヤの回転数が自在に変えられる。

アギトの意思を感知し、走行する！

"賢者の石"から発せられるオルタフォースによって津上翔一のオートバイが変形し、アギト専用のスーパーマシンになったもの。ボディーが如何なる衝撃にも耐えられる硬化装甲になり、敵への突進戦法が可能。最高時速430kmで走行する。

←前部のライトから強い光を放射し、暗闇を照らす。

↑シャイニングフォームの姿で運転する事は、かなり珍しい。

←G3とアンノウンが対決する現場にマシンで突っ込み、戦闘を開始した。

ガードチェイサー

G3システム専用、ドラッガー型白バイ!

水素燃料エンジン搭載!

未確認生命体対策班が大手オートバイメーカーと共同開発した、G3専用のドラッガー型白バイ。1300ccの水素燃料エンジンを使用して走行。

↑350kmの最高時速でアンノウンを追跡する。

↑Gトレーラーの後部ハッチから出動していく。

ガードチェイサー(改造)
G3-Xの武器、GX-05のキャリアを追加装備。

Gトレーラー
G3及びガードチェイサーの輸送兼、戦闘指揮車。

Gトレーラー(新)
G3の実戦運用のため、バックアップ機能を強化。

ギルスレイダー

涼のバイクとギルスの細胞が融合!

ある程度の意思と自己修復能力を持つ!

葦原 涼のオートバイとギルスの細胞が融合して誕生した擬似生命体マシンで、ある程度の意思と自己修復能力を持っている。最高時速は360km。

ダークホッパー

半機械半生物のマシン!

アナザーアギトの命令に忠実!

半機械半生物のオフロード型オートバイ。自らの意思を持ちながらも、アナザーアギトに忠実に仕えるマシン。最高時速390km。

装着者の肉体に、限界を超えた負荷を強いる危険なシステム！

小沢澄子が、G3の後継機として設計したシステムだが、装着者に過度の負担を掛け、死に至らしめる事が判明したために計画自体が破棄される。しかし、深海理沙によってデータが盗まれ、自衛隊で実用化。アンノウンとの戦いに投入されたが暴走する。

↑"G4が人間を一個の部品として使用"が当初の設計思想。

↑多目的巡航ミサイル、ギガントがG4の専用武器である。

↑G3-Xさえも遥かに凌ぐほどの戦闘能力を有している。

↑G4を超能力者と連動させ、敵の攻撃を予測させたが……。

水城史郎
〔出演／唐渡亮〕

陸上自衛隊八王子駐屯地所属の三等陸尉。自らの命を懸けてG4システムを装着する。

↑専用のヘリコプターに搭乗し、事件現場に急行する。

↑突然暴走したG4はG3-Xに攻撃を仕掛けたが、装着者・水城の命が尽きて停止する。

仮面ライダーG4

自衛隊で実用化された最強の兵器！

G3マイルド

量産型G3の試作機！

旧G3システムに オートフィット機能を搭載！

旧G3システムにオートフィット機能を搭載し、誰にでも装備できるように開発された、量産型の試作機。大量生産してG3部隊を組織しようとしたが、計画は中止になる。

（出演／柴田明良）
屋室隆弘

装着者に選ばれた、G3ユニットの隊員。

V-1

対アンノウン用の 新装備！

↓模擬戦でG3-Xと対決し、破壊される。

G3-Xシステムに 対抗し、開発される！

城北大学の高村教授が、G3に代わる対アンノウン用の戦力として開発した、特殊強化装甲服。V-1ショットという専用武器を使用し、一度はアンノウンを撃退した。

（演／加藤聖也）
北條透

警視庁の生え抜きで、G3ユニットと敵対。

主要登場人物

（出演／秋山莉奈）
風谷真魚

父を殺され、美杉家に引き取られた女子高校生。

（出演／升毅）
美杉義彦

城北大学の心理学教授。翔一や真魚の面倒を見る。

（出演／田邊李正）
美杉太一

美杉教授の実子で、少しやんちゃな小学4年生。

（演／小川敦史）
沢木哲也

比較宗教学の研究者。超能力実験を行った。

（出演／福澄美緒）
片平真由美

美杉のゼミの優秀な学生で葦原涼の恋人だった。

（出演／水稀末那）
水原リサ

涼と同じ境遇に立たされている、暴走ライダー。

（出演／森脇真理子）
岡村可奈

翔一と同じレストランで働く、見習いシェフ。

（出演／滝沢涼子）
三雲咲子

オーパーツ研究員で、謎の物体の解析を担当。

（出演／藤田瞳子）
小沢澄子

G3ユニットの管理官で、工学の優秀な科学者。

（出演／田口主将）
河野浩司

北條や氷川たちの先輩で、現場叩き上げの刑事。

（出演／竹本純平）
葦原和雄

涼の父親。あかつき号に乗り、事件に遭遇する。

（出演／平岩紙）
関谷真澄

あかつき号事件の関係者で、根暗な女子大生。

（出演／中本奈奈）
篠原佐恵子

24歳のOL。友人とともに雑貨店を開こうとした。

（出演／津嶋麗）
橘純

関谷真澄の親友で、あかつき号に乗り合わせた。

（出演／森下たまゆろ）
三浦智子

篠原佐恵子との旅行中、あかつき号に乗船する。

（出演／小谷嘉一）
真島浩二

あかつき号で少し自暴自棄になっていた少年。

（出演／田村貴彦）
相良克彦

病弱な妻の代わりに旅をし、写真を撮っている。

（出演／佐久間雅子）
榊亜紀

故郷の高松に帰るため、あかつき号に乗っていた。

ジャガーロード
パンテラス・ルテウス
（声の出演／仙台井上）

豹に似た超越生命体。最高時速300kmに達する脚力で敵を追跡。

ジャガーロード
パンテラス・アルビュス
（声の出演／仙台井上）

雪豹に似た超越生命体。傲慢の弓から光の矢を放ち、敵を射抜く。

ジャガーロード
パンテラス・トリスティス
（声の出演／仙台井上）

黒豹に似た超越生命体。武器の貪欲の槍と強力な腕力で戦う。

トータスロード
テストゥード・オケアヌス
（声の出演／オケアヌス）

海亀に似た超越生命体。土中を液状化し、水中のように泳ぐ。

トータスロード
テストゥード・テレストリス

陸亀に似た超越生命体。高い跳躍力を生かし、空中殺法を行う。

スネークロード
アングィス・マスクルス
（声の出演／柴崎哲）

コブラに似た超越生命体。人間を次元断層から地上に墜落させる。

スネークロード
アングィス・フェミネウス
（声の出演／長浜）

毒蛇に似た超越生命体。邪眼の鞭で敵を打ちのめし、石化させる。

闇の青年
（出演／羽緒レイ）

〝闇の力〟そのものといえる存在。人間の進化を阻止しようとした。

クロウロード
コルウス・クロッキオ
（声の出演／遠藤雅登）

烏に似た超越生命体。空中より急降下し、手の鉤爪で敵を切断。

オクトパスロード
モリペス・オクティペス
（声の出演／甲田義範）

蛸に似た超越生命体。水のない場所に池を作り、人間を引き込む。

ゼブラロード
エクゥス・ノクティス
（声の出演／荒木宏文）

縞馬に似た超越生命体。人の体液を蒸発させ、ミイラ化させる。

ゼブラロード
エクゥス・ディエス
（声の出演／柴崎哲）

超高速で走行し、敵を追い詰める。水中でも長時間の活動が可能。

スコーピオンロード
レイウルス・アクティア
（声の出演／高野純一）

蠍に似た超越生命体。毒針を人の首に刺し、24時間後に殺害する。

ジャッカルロード
スケロス・ファルクス
（声の出演／甲田義範）

ジャッカルに似た超越生命体。大鎌を振るい、真空状態を作る。

ハイドロゾアロード
ヒドロゾア・イグニオ
（声の出演／佐藤正治）

海月に似た超越生命体。右腕で稲妻を呼び、人体を発火させる。

クイーンジャガーロード
パンテラス・マギストラ
（声の出演／西川宏美）

黒豹に似た超越生命体の中で、最高位に位置する者。

ジャガーロード
パンテラス・キュアネウス
（声の出演／冬木立樹頼）

クイーンに仕える衛兵の役割を担う。強欲の剣で敵を切り裂く。

ジャガーロード
パンテラス・ルベオ
（声の出演／室矢樹頼）

キュアネウスと同行する超越生命体。鋭い牙と爪を用いて攻撃。

ビーロード
アピス・ウェスパ
（声の出演／塩野勝美）

雀蜂に似た超越生命体。煉獄の針と呼ばれるレイピアを振るう。

ビーロード
アピス・メリトゥス
（声の出演／菊田政治）

蜜蜂に似た超越生命体。人間をビルの壁などに融合させてしまう。

スティングレイロード
ポタモトリゴン・ククルス
（声の出演／塩野勝美）

淡水エイに似た超越生命体。人間を非物質化する。

スティングレイロード
ポタモトリゴン・カッシス
（声の出演／塩野勝美）

飛びエイに似た超越生命体。空中を高速で滑空する。

クイーンクロウロード
コルウス・イントゥンスス
（声の出演／米谷千珠）

烏に似た超越生命体の女王。漆黒の槍で獲物を刺す。

クロウロード
コルウス・カルウス
（声の出演／千田義正）

影から影へ人知れず獲物に忍び寄り、骸の鎌で切り裂いて殺す。

クロウロード
コルウス・ルスクス
（声の出演／甲田義範）

翼をはばたかせて発生させる衝撃波を、石つぶてのように飛ばす。

シーアーチンロード
エキヌス・ファメリカーレ
（声の出演／山野井仁）

海胆に似た超越生命体。人の生命エネルギーを奪い、餓死させる。

フィッシュロード
ピスキス・アラパイマ
（声の出演／塩野勝美）

ピラルクに似た超越生命体。地上にいる人間を潜水病状態にする。

クラブロード
クルスタータ・パレオ
（声の出演／田邊幸二）

蟹に似た超越生命体。全身が鎧のように硬い外殻に覆われている。

オルカロード
ケトス・オルキヌス
（声の出演／土屋利秀）

鯱に似た超越生命体。因果のフゥランベルジェという剣を使用。

水のエル
（声の出演／粟田清之）

鯨に似た超越生命体。怨嗟のドゥ・サンガで敵の自由を奪う。

アントロード
フォルミカ・レギア
（声の出演／鶴ひろみ）

軍隊蟻に似た超越生命体の女王。三つ又の槍で敵を八つ裂きにする。

アントロード
フォルミカ・エクエス
（声の出演／柴木浩行）

アントロードの部隊長的な存在。口から吐く蟻酸で人を窒息させる。

（声の出演／RIDER CHIPSほか）

アントロード
フォルミカ・ペデス

アントロードの兵隊で多くの同族が存在。鋭い牙で敵を噛み殺す。

マンティスロード
プロフェタ・クルエントゥス
（声の出演／土屋利秀）

蟷螂に似た超越生命体で、水のエルの用心棒。巨大な手鎌が武器。

フィッシュロード
ピスキス・セラトゥス
（声の出演／栄木竜打）

ピラニアに似た超越生命体。鋸状の歯で獲物を瞬時に食い尽くす。

クロウロード
コルウス・カノッスス
（声の出演／菱屋陽一）

時速320kmで飛行し、兜のような頭部で敵に頭突きを浴びせる。

ビートルロード
スカラベウス・フォルティス
（声の出演／永塚景福）

甲虫に似た超越生命体。棍棒と盾を使い、敵を追い詰める。

リザードロード
ステリオ・デクステラ
（声の出演／佐藤正治）

イグアナに似た超越生命体。瘴気を噴射し、人間を泡状に溶かす。

リザードロード
ステリオ・シニストラ
（声の出演／佐藤正治）

三つ又の槍・竜神のトライデントで敵の体を刺し貫き、抹殺する。

光の青年
（出演／羽緒レイ）

"闇の力"と同時発生したと思われる、"光の力"と呼ばれる存在。

ジャッカルロード
スケロス・グラウクス
（声の出演／柴木浩行）

ジャッカルに似た超越生命体。時速500kmを超える速度で走る。

水のエル（強化体）
（声の出演／粟田清之）

一度敗れた水のエルが、闇の青年の体内で力を授かり、進化した。

オウルロード
ウォルクリス・ウルクス
（声の出演／酒井敬幸）

梟に似た超越生命体。闇の青年の忠実な僕として暗躍する。

ファルコンロード
ウォルクリス・ファルコ
（声の出演／土屋利秀）

隼に似た超越生命体。時速350kmで空中を飛行し、敵を襲う。

ヘッジホッグロード
エリキウス・リクォール
（声の出演／堀本等）

ヤマアラシに似た超越生命体。頭部に生えた針を敵めがけて速射。

風のエル
（声の出演／くじら）

↑聖地の守護者として、眠りについている闇の青年を警護。

鷹に似た超越生命体。憐憫のカマサという長弓を使用して光の矢を放ち、一瞬で敵を消す。また、風を自在に操る。

地のエル
（声の出演／三宅健太）

ライオンに似た超越生命体。長剣、敬虔のカンダでシャイニングカリバーをも破壊。

地のエル（強化体）
（声の出演／三宅健太）

地のエルが闇の青年に命を与えられ、復活した姿。拳から出る砂で人間を灰に帰す。

プログラミングされたトータスロード

VPシミュレーションの疑似戦闘に使われた、プログラムデータ。

製作スタッフ
原作／石ノ森章太郎　スーパーバイザー／小野寺章（石
森プロ）プロデュース／国井一夫・中曽根千治（テレ
ビ朝日）・白倉伸一郎・武部直美（東映）脚本／小林
靖子・井上敏樹　監督／田崎竜太・石田秀範・長田
多可男・佐藤健光・鈴村展弘　特撮監督／佛田洋
アクション監督／宮崎剛（ジャパン・アクション・エ
ンタープライズ）音楽プロデューサー／長澤隆之（エ
イベックス）音楽／丸山和範・渡部チェル　撮影／
松村文雄・いのくままさおほか　音声／山本保
美・畑幸太郎ほか　照明／斗沢秀ほか・大貫学ほか
美術／大島修一・中薬宗男　装飾／高桑道明・小林
正樹（大晃商会）ほか　小道具／高津装節美術　装
置／紀和建業　メイク／若村和代・結城明（サンメイ
ク）衣裳／星野裕美・松下麗子（東京衣裳）ほか
操演／高木友進（ライズ）監督補／鈴村展弘　助監
督／黒木浩介・近藤孔明ほか　記録／保坂いづみ・
斎藤能子ほか　制作主任／東正信・富田孝弘　制作
進行／山県秀起・上田歩史ほか　カースタント／西
村信宏（タケシレーシング）編集／長田直樹　EE
D／緩鹿秀隆（TOVIC）MA／渡辺典夫・曽我
薫（東映東京撮影所）ほか　選曲／金成謙二（ドン・
カンパニー）音響効果／大野義彦（大泉音映）キャ
ラクターデザイン／早瀬マサト（石森プロ）クリー
チャーデザイン／篠原保　資料担当／坂田浩司（石
森プロ）造型／前澤範・蟻川昌宏（レインボー造型
企画）ほか　VFXスーパーバイザー／高橋政千・
尾上克郎（株）特撮研究所ほか　ビジュアルエフェ
クト／長部恭平・三輪智章（日本映像クリエイティ
ブ）ほか　オーサリング／小林真吾・小林浩康（P
rojectM.H.R.K-R）制作担当／竹内洪太　制作デ
スク／青柳夕子　制作／テレビ朝日・東映・ADK

過酷なライダーバトル！

戦わなければ生き残れない

2002年（平成14年）2月3日〜
2003年（平成15年）1月19日放映

行方不明事件の調査中、偶然カードデッキを拾う！

モバイルニュース配信会社・ＯＲＥジャーナルの見習い記者で、怪事件の調査中に偶然カードデッキを拾い、龍騎になった。ライダーバトルの勝利によって叶えたいと願う望みは特にないが、誰かを助けるために戦い続けることを決意。

↑龍騎に変身してミラーワールドへと突入。

←危機にさらされた少女を、身を挺して救う。

↑最後は怪物から子供を守り、命を落とした。

ナイトに変身する秋山 蓮に友情を感じているが、彼の目的のため、時として対立することもある。

↑50ccのネイキッドスクーターに乗り、事件を追跡していく。

（出演／須賀貴匡）

城戸真司

誰かを救うため、ライダー同士の戦いに参加！

少年時代の真司

少女時代の神崎優衣との約束を破り、悲劇を生んでしまう。

仮面ライダー龍騎

龍のモンスターと契約した格闘タイプの戦士！

カードデッキ
現実世界とミラーワールドを繋ぐアイテム。アドベントカードを挿入。

アドベントカード
契約モンスターの力を使用するためのカード。

ドラグレッダー
ミラーワールドで最強に近い戦力を誇る、真紅の龍型モンスター。口から火炎・ドラグブレスを放射。

↑45mの跳躍力を持ち、空中に飛翔してから敵に切りかかる。

↑ドラグレッダーの尾に似た剣・ドラグセイバーで敵を切り倒す。

ずば抜けた攻撃力・防御力を身につける！

城戸真司がカードデッキをVバックルにセットし、変身する戦士。当初はブランク体の姿で登場したが、龍型モンスター・ドラグレッダーと契約した事で完全形態となった。格闘タイプの強力な仮面ライダーだが、真司自身の経験不足と戦いに対する迷いがネックとなり、能力を十分に発揮できない事が多かった。だが、戦闘の経験値や誰かを守ろうとする意思によってパワーが急激にアップし、一人前に成長していく。

ブランク体

モンスターと契約する以前の龍騎の素体で、戦力・能力ともに低い。武器はライドセイバー。

↑左腕に召喚機・ドラグバイザーがある。

↑右腕に装着する武器・ドラグクロー。

↑両肩には盾・ドラグシールドを装着。

龍騎は、ドラグバイザーにアドベントカードを挿入してドラグレッダーの戦力・能力を召喚する。

龍騎サバイブ

　龍騎が、サバイブ"烈火"のカードで超進化した姿。無限に与えられる高熱火炎の力により、武器や必殺技の威力が大幅にアップ。同時に、使用できるアドベントカードの枚数も増えている。

↑龍騎に変身後、鏡を通じてミラーワールドへ突入していく。

↑ライダーバトルを始めた張本人、神崎士郎から新たなカード、サバイブ"烈火"を託される。

↑ドラグレッダーの協力で必殺技・ドラゴンライダーキックを決める。

ドラグランザー

　サバイブの力でドラグレッダーが超進化した姿。戦力が飛躍的に向上。

↓"烈火"のカードをドラグバイザーツバイにセットし、炎の中で変身する。

↑炎のエネルギーを大量に吸収しているが、戦闘時には急激に消耗する。

↑13人目のライダー、オーディンのゴルトシールドを奪い、武器として使用。

初代龍騎

榊原耕一

（出演／和田圭市）

　城戸真司以前に龍騎に変身した男性。ライダーバトルを阻止しようとしていた。

　榊原が変身した初代龍騎。戦いで重傷を負いながらも、城戸真司の命を救うためにカードデッキを手渡す。

秋山 蓮

（出演／松田悟志）

クールな面と気性の激しさを併せ持つ男！

↑黒いレザーロングコートをダンディに着こなす。

↑アメリカンタイプのカスタムバイクで行動する。

↑真司よりも以前から仮面ライダーとして活動していた。

↑ライダーバトルに勝ち残り、恵里を目覚めさせたが、その直後に絶命。

↑恋人の小川恵里は、ある実験の最中、意識不明の重体となってしまった。

意識不明の恋人を目覚めさせることを、目的としている！

クールな二枚目である半面、気性が激しく喧嘩っ早い青年。城戸真司とは対立する事も多かったが、ミラーモンスターとの戦いを続けるなかで、次第に友情を深めていった。意識不明の恋人を目覚めさせるという願いを叶えるため、仮面ライダーナイトに変身し、ライダーバトルに参加する。

仮面ライダーナイト

↑空中からの素早い回転キックで、敵を翻弄する。

↑ダークウイングと合体する事で、空中を高速飛行できる。

ダークウイング
蝙蝠型モンスター。ナイトのウイングウォールにもなる。

↑トリックベントのカードで、分身体戦法・シャドーイリュージョンを放つ。

↑大型のウイングランサーを軽々と振り回し、モンスターのボディーを貫く。

ナイトサバイブ
サバイブ〝疾風〟のカードでナイトが超進化変身した姿。身体能力及び、武器のパワーが飛躍的に向上。

ダークレイダー
サバイブの力でダークウイングが超進化した姿。空中を時速950kmで飛行する。

高速飛行能力をも有する剣士タイプの戦士！

モンスターとの戦歴において、最も経験豊富！

蝙蝠型のモンスター・ダークウイングと契約した剣士タイプの仮面ライダーで、秋山 蓮が変身する。西洋剣術を得意としており、サーベルタイプの召喚機・ダークバイザーや召喚武器・ウイングランサーでモンスターをなぎ倒す。必殺技は、ダークウイングとの合体戦法・飛翔斬。

↑最後の戦士、オーディンとの戦いを終え、勝利を手にした。

北岡秀一

（出演／涼平〈現・小田井涼平〉）

〝黒を白にする〟との悪評も多い
自称〝スーパー弁護士〟！

〝黒を白にしてしまう〟などと悪評も高い、自称・スーパー弁護士。人間の欲望を愛し、全てを手に入れると豪語するが、現代医学では治せない病に冒されている。ゾルダに変身し、〝永遠の命〟を手に入れるために戦う。

↑凶悪な殺人犯である浅倉 威を無罪にできなかったため、相性を理由に彼の弁護を辞退。

↑ホテルのプールサイドで、自身の願いを語る。

↑人の良い真司を巧みに利用。戦いを有利に運ぶ。

↑自身にメリットがある戦いにしか参加しない。

↑公私ともに一流の立ち居振る舞いをしている。

↑この世に染みを残して逝く事を嫌っていたが、ライダーバトルの最終決着が着く前に命を失う。

仮面ライダーゾルダ

↑両肩に装備するギガキャノンは、エネルギー砲。

↑マグナバイザーでマグナギガの戦力を召喚する。

↑強固な盾・ギガアーマーで、敵の攻撃を防ぐ。

↑超長距離攻撃用大砲・ギガランチャーが最強武器。

マグナギガ
北岡と契約した、超怪力を誇る野牛のモンスター。全身が重火器で構成されている。

重火器を使用する非情なガンマン！

（出演／弓削智久）

そのほかのゾルダ変身者

由良吾郎
北岡の秘書兼ボディーガード。瀕死の北岡に代わってゾルダに変身した。

勝利のためには手段を選ばない！

バッファロー型のモンスター・マグナギガと契約した、重火器タイプの仮面ライダー。ハンドガンのマグナバイザー、召喚武器であるギガキャノン、ギガランチャーを使用して強力モンスターを次々と撃破していく。ライバルライダーたちをも一気に殲滅しようとする、非情な戦士でもあった。

（出演／萩野崇）

浅倉 威

世の中全てを敵視する、凶悪な傷害・殺人犯！

↑拘置所を脱獄後、少女を人質にしてファミレスに籠城。

↑鉄パイプを振り上げ、包囲する警官隊に突進。次の瞬間、一斉射撃を浴びて倒れる。

↑廃屋に潜み、蜥蜴等を食べて飢えをしのぐ。

↑ライダーバトルが続くことに狂喜した。

↑拘置所の独房内では、全身を拘束されていた。

↑フェリーで逃走中、人間らしい面をみせたが？

戦いが肯定される世界を望む！

イライラするという動機だけで次々と傷害・殺人事件を起こした凶悪犯で、北岡が強引な手段を使っても懲役10年に減刑する事がやっとであった。遅滞していたライダーバトルを促進させようとする神崎士郎からカードデッキを渡されて仮面ライダー王蛇となり、戦いが肯定される世界・ミラーワールドで暴れ回る。

仮面ライダー王蛇

冷酷・残忍な最凶の戦士!

ベノスネーカー
口から猛毒を吐く、コブラ型モンスター。左右にある8枚の刃で敵を切り刻む。

ジェノサイダー
ベノスネーカー、メタルゲラス、エビルダイバーが融合したキメラモンスター。

↑錫杖タイプの召喚機・ベノバイザーにカードを挿入する。

↑ライアの武器だった電撃鞭・エビルウィップで敵を叩く。

↑右腕に装着するメタルホーンは、ガイが使っていたもの。

→複数のモンスターを融合合体させるカード、ユナイトベントを手に入れる。

ブランク体
契約モンスターを失い、パワーダウンした王蛇。ミラーワールドで体が崩壊していく。

ライダーバトルに快楽すら感じる!

浅倉 威がコブラ型のモンスター・ベノスネーカーと契約し、変身した最凶の仮面ライダー。世の中に対する憎しみを力に変え、敵を粉砕していく戦士で、その性格も冷酷で残忍。戦いこそが唯一の生き甲斐であり、ライダーバトルに快楽を感じている。

仮面ライダーシザース

悪徳刑事、須藤雅史が自身の殺人の罪を隠蔽するため、蟹型モンスター・ボルキャンサーと契約し、変身した戦士。鋏タイプの召喚機・シザースバイザーと召喚武器・シザースピンチを使い、敵の体を切断してしまう。

ライダーの力を悪用し、自身が行った殺人を隠蔽！

（出演／木村剛）

須藤雅史

刑事という法を守るべき立場にありながら、闇の仕事に手を染めていた。

（声の出演／千田義正）

ボルキャンサー

須藤が契約したモンスター。巨大な鋏と頑丈なボディーを有する。

↑シザースバイザーに、強固な盾・シェルディフェンスを装着。

↑俊敏な動きと並外れた跳躍力を生かし、敵を追い詰めていく。

↑ライドシューターで龍騎の前に出現し、抹殺しようと襲いかかってきた。

↑戦闘でカードデッキを失い、契約していたボルキャンサーに食われた。

（出演／高野八誠）

手塚海之
的中率100％を誇る占い師。自分に降りかかった死の運命を変えようとする。

エビルダイバー
超高速飛行能力を持ち、ミラーワールドを飛び回る。

←エビルウィップをかまえ、空中から急降下攻撃を仕掛ける。

↑ナイトのウイングランサーをコピーし、武器として使用。

↑左腕に召喚機・エビルバイザーを装着している。

エビルダイバーで飛翔し、敵に必殺技を炸裂させる。

"死の運命"を変えようとする！

ライダーバトルによる

戦いを好まぬものの、その戦闘能力は高い！

エイ型のモンスター・エビルダイバーと契約した手塚海之が変身する、空中殺法が得意な戦士。コピーベントを使って敵の武器や技をコピーし、それを難なく使いこなす器用さも持ち合わせている。戦いを好まず、ライダーバトルを止めようとするが、基本的に戦闘能力は高い。

（出演／一条 俊）

芝浦 淳
会社社長のドラ息子。
ライダーバトルさえも
ゲームと考えている。

仮面ライダーガイ

人間心理を巧みに操り、戦いを誘発して楽しむ！

↑メタルゲラスとともに突撃技・ヘビープレッシャーを炸裂させる。

↑左肩に召喚機・メタルバイザーが装備されており、カードを挿入。

↑怪力を誇り、モンスターの触手を掴んで逆に引き寄せて攻撃する。

←ライダーによるバトルロワイヤルの最中、仲間と思っていた王蛇に殺される。

メタルゲラス
巨体を震わせて突進し、体当たりを喰らわせて敵を粉砕する、超怪力のモンスター。

左肩の鋭い角を武器にし、強烈なタックルを炸裂させる！

芝浦 淳が変身する重戦車タイプの戦士で、犀型のモンスター・メタルゲラスと契約している。人間心理をゲームで巧みに操り、本当の戦いを誘発していた。強靭な体と左肩の鋭い角で、敵にタックル攻撃を仕掛ける。

←左脚にあるバイオバイザーからワイヤーを伸ばし、カードをセット。

←空中から敵に奇襲攻撃を仕かける。また、専用武器はバイオワインダー。

仮面ライダーベルデ

敵を欺く特殊能力を、多数有する!

　今の地位に満足できず、超人的な力を欲していた高見沢逸郎がカメレオン型のモンスター・バイオグリーザと契約し、変身した戦士。ほかのライダーに変身するコピーベントや周囲の景色に同化するクリアーベント等、敵を欺く能力を数多く身につけている曲者といえる。

バイオグリーザ
60mの跳躍力を生み出す脚と、600mも伸びる舌が特徴的なモンスター。

(出演/黒田アーサー)
高見沢逸郎
巨大企業・高見沢グループの総帥。穏やかな紳士に見えるが、攻撃的な性格。

より強大な権力を得ようとする、傲慢な戦士!

13人ライダー
ミラーワールドにてバトルロワイヤルを行い、次々と倒れていった。そのなかでナイトも命を落としてしまう。

仮面ライダータイガ

ミラーワールドを閉じ、"真の英雄"になろうとする！

獣のように敏捷で、高い跳躍力と怪力を持つ！

東條 悟が白虎型のモンスター・デストワイルダーと契約し、変身した戦士で、ミラーワールドに通じる扉を閉じて"真の英雄"になる事を願っている。獣のように素早く奇襲をかけ、跳躍力を生かしたキックや怪力攻撃で敵を粉砕する。

↑白虎斧とも呼ばれるデストバイザーを振りかざし、敵の体を切断する。

↑カードをデストバイザーに挿入して、デストワイルダーの戦力を召喚。

（出演／高槻 純）

東條 悟

情緒不安定で行動に不可解な点が多い。ライダーバトルに勝ち残ることが目的となっていく。

デストワイルダー

鋭い爪と高い跳躍力、時速300kmの走力を誇る、獰猛なモンスター。

↑自身の気配を完全に消し去り、敵に接近していく。

↑両腕にデストクローを装着し、敵の体を切り裂く。

〈出演／日向崇〉

佐野 満

ライダーバトルを勝ち抜くため、誰にでも取り入り、擦り寄っていくお調子者。

〈声の出演／柴木勝美・塩野勝美〉

ギガゼール

俊敏な動きと50mの跳躍力を使い、敵の隙を突いて襲いかかるモンスター。

↑右膝に装備されたガゼルバイザーにカードを挿入し、戦力を召喚する。

↑自分の願いを達成するためには女性をも利用する、卑怯な面を見せた。

↑ギガゼールの頭部に似た武器・ガゼルスタッブで、敵の体を貫いて倒す。

↑多数のレイヨウ型モンスターを従え、敵に集団で襲いかかり、抹殺。

↑ダイガとの対決で重傷を負い、王蛇に止めを刺される。

バトルに勝ち抜く "術" を画策！

"ムエタイ"を基本とした戦闘を展開！

　レイヨウ型のモンスター・ギガゼールと契約した佐野満が変身する、自称"プロの仮面ライダー"。格闘スタイルはムエタイを基本とし、複数のモンスターとともに仕掛ける超速波状攻撃で敵を粉砕していく。

仮面ライダーファム

浅倉 威への復讐と死んだ姉の蘇生が目的!

ブランウイング

地面に発生した水面から出現し、空中を飛行し、強風を巻き起こす。

(出演／加藤夏希)

霧島美穂

結婚詐欺を働き、姉の遺体の保存代金を稼いでいた。浅倉への復讐を狙っている。

↑レイピアタイプの召喚機・ブランバイザーを駆使する。

↑戦闘中に王蛇のカードデッキを破壊し、浅倉の命を奪った。

↑フェンシングを基本とした技でモンスターを次々と切り裂く。

↑ウイングスラッシャーとウイングシールドという武器を使用。

風を自在に操り、空中を縦横無尽に舞う!

　霧島美穂が変身する剣士タイプの戦士で、白鳥型のモンスター・ブランウイングと契約している。風を自在に操る能力と華麗な剣技を使って過酷なライダーバトルに勝利し、浅倉 威に殺された姉を蘇らせようとしている。

↑ドラグクローの一撃で、
ファム（美穂）を抹殺した。

↑ドラグセイバーを使った
技でナイトを追い詰める。

↑感情が高ぶるとシールド
の奥にある目が赤く輝く。

ドラグブラッカー

体色以外、ドラグレッダーと同様の
姿を持つモンスター。高熱火炎を放射。

↑左腕のブラックドラグバ
イザーで戦力を召喚する。

**ミラーワールドの
城戸真司**

（出演／須賀貴匡）
ミラーワールドに生まれた、
城戸真司の"鏡像"。本物の真
司を利用し、実体を手に入れた。

仮面ライダーリュウガ

ミラーワールドに存在する、龍騎の"鏡像"！

龍騎以上の戦闘力を有する！

　ミラーワールドに存在する城戸真司が変身する格闘タイプの黒き戦士で、黒龍型のモンスター・ドラグブラッカーと契約している。龍騎以上の戦闘力を身につけた強敵であり、王蛇でさえもまったく歯が立たなかった。現実世界の城戸真司と融合合体し、最強の仮面ライダーになることを目的としている。

仮面ライダーオーディン

（声の出演／小山剛志）

"ライダーバトル"の勝者と最後の対戦を行う者！

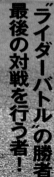

↑杖タイプの召喚機・ゴルドバイザーを使い、戦力を引き出す。

↑神崎に無作為に選ばれた者がオーディンに変身させられ、自在に操られる。

↑必殺剣・ゴルトセイバーで敵の体を完全に両断する。

ゴルトフェニックス

ミラーワールドで、最大のAP（アタックポイント）を誇るモンスター。全身から金色の光を放射しながら空中を瞬間移動する。

オーディンを操る者

（出演／菊地謙三郎）

神崎士郎

アドベントカードやカードデッキ等のシステムを開発し、ミラーワールドでのライダーバトルを仕組んだ。

13人ライダーの頂点に君臨！

13人の仮面ライダーの頂点に君臨する、最強・最後の戦士で、不死鳥型のモンスター・ゴルトフェニックスと契約している。ライダーバトルに勝ち残った者だけがオーディンへの挑戦権を得られ、もし倒すことができればどんな願いでも叶えられるらしい。

擬似ライダー

8分25秒間、ミラーワールドでの活動が可能なシステム！

香川英行

（出演／神保悟志）

一度視認したものは、理解する前に頭に入ってしまう超天才。

サイコローグ

2体のオルタナティブに戦力を与える。高い跳躍力が自慢。

↑信頼していた仲間、タイガに襲われ、死亡。

オルタナティブ

清明院大学の香川英行教授が、神崎士郎の研究資料とタイガのカードデッキを基に開発した、擬似ライダーシステムで、コオロギ型モンスター・サイコローグと契約している。8分25秒間だけミラーワールドで活動することが可能である。仲村 創が変身。

仲村 創

（出演／水野純一）

清明院大学の学生で、以前、神崎と同じ研究室にいた。短気な性格。

↑スラッシュダガーから破壊エネルギーを放射する事も可能。

↑専用武器・スラッシュダガーの刃先から超振動波を発し、全ての物体を粉砕。

↑カードリーダー型の召喚機・スラッシュバイザーを使用する。

オルタナティブ・ゼロ

香川自身がカードデッキを使って変身した、オルタナティブシステムのプロトタイプで、その戦闘能力はほかのライダーをも凌駕するらしい。ミラーワールドを閉じるため、神崎優衣を抹殺しようとしたが、タイガに倒される。

↑初変身で龍騎ブランク体となった真司は、ナイトとともにドラグレッダーが放つ火炎の中を逃げ回る。

↑完全体となった龍騎を早めに倒そうと、ナイトが襲いかかる。

王蛇の非情な行動に怒り、攻撃を開始する龍騎。最凶の敵に全力で立ち向かい、一度はダウン寸前まで追い込む。

↑龍騎の前に出現したシザースは、ボルキャンサーを召喚して猛攻撃を仕掛けてきた。

←第4の戦士、ゾルダも龍騎を倒すべき存在だと考える。

↑ナイトが対決したライアは、ライダーバトルを止めようとする戦士だった。

↑ライダーバトルとは別に、モンスターとの戦いも続く。

↑モンスターの猛攻に苦戦する龍騎を、新戦士のガイが背後からつけ狙う。

↑激闘を繰り広げるナイトとガイの間にライアが入り、バトルを止めさせる。

↑ライダーバトルに最凶の戦士・王蛇が参戦。ガイを盾にして攻撃を防ぎ、なおも暴れる。

この戦いに"正義"は存在するのか？

カードデッキを拾ったがために、城戸真司はミラーワールドで繰り広げられるライダーバトルに巻き込まれてしまう。その戦いは平和を守るための聖戦などではなく、人間の欲望が渦巻くエゴイスティックな闘いであった。だが、真司は自分の願いをあえて放棄し、誰かの幸福を守る事を選択。龍騎としてライダーバトルを止めようと奔走する。

鏡の中の激闘！

己の願いを叶えるためのバトルロワイヤル！

↑龍騎、ナイト、ゾルダが協力し、王蛇に挑むが、ジェノサイダーの出現で苦戦。

↑ライダーバトルを展開する龍騎たちの前に、13人目の戦士・オーディンが登場。

→ミラーワールドから来たリュウガと激突。

←龍騎とナイトも再び対決することになる。

↑互いにトリックベントを使用したため、龍騎2体とナイト2体の大混戦となってしまう。

↑新戦士、タイガのモンスターが王蛇を攻撃した。

↑バトルに擬似ライダーまで加わり、混迷を極める。

↑タイガとの決着をつけようと、ゾルダが攻撃を開始。

↑ナイト、ゾルダ、王蛇がタイガの罠にかかり、モンスターも含めた戦いに突入。

↑龍騎サバイブはナイトサバイブに止めを刺そうとするが、どうしてもできない。

↑王蛇に襲われ、危機を迎えたライアを救おうとするが……。

↑重傷を負いながらも敵と戦い、命を落とす龍騎。

↑生き残ったナイトは、オーディンに最後の戦いを挑み、辛くも勝利を手にする。

ライドシューター

ライダーを“ミラーワールド”へ運ぶ次元移送機！

↑コンソールにアドベントカードを挿入すると、マシンが起動。

↑ミラーワールド内でモンスターに突進攻撃を行う事もできる。

↑乗降時には上部スクリーンが開き、座席が起き上がる機構を持つ。

↑ミラーワールド内を移動する際に使用する事も可能である。

異次元空間“ディメンションホール”を時速930kmで走行！

　現実世界からミラーワールドへと通じる異次元空間“ディメンションホール”を時速930kmで走行する次元移送マシン。13人の仮面ライダーが同型マシンを所有し、ミラーワールドへと急行する。

龍のモンスターが変形！

ドラグランザー バイクモード

↑龍騎サバイブがドラゴンファイヤーストームを放つ際、この形態に変わった。

時速760kmで走行可能！

龍型の強化モンスター・ドラグランザーがオートバイに変形した形態。地上を時速760kmで走行し、口から7000℃の超高熱火炎を放射する。自己意思で龍騎サバイブを援護する。

ダークレイダー バイクモード

敵の特性を検知・記録！

ナイトサバイブの戦闘をサポート！

蝙蝠型の強化モンスター・ダークレイダーが変形したオートバイ。先端からハイビームを放射して敵の動きを封じ、ナイトとともにファイナルベント・疾風断を決める。最高時速900km。

サイコローダー
サイコローグのバイクモード！

高速回転アタックを行う！

コオロギ型モンスター・サイコローグが変形するオートバイで、最高時速680km。オルタナティブ・ゼロが搭乗して繰り出すファイナルベント・デッドエンドを炸裂させる。

主要登場人物

（出演／杉山彩乃）
神崎優衣
兄・士郎の行方を追い、ミラーワールドの怪事件に身を投じる少女。

（出演／津田寛治）
大久保大介
ＯＲＥジャーナルの社長兼編集長。真のジャーナリズムを追求している。

（出演／久遠さやか）
桃井令子
真司が憧れる、ＯＲＥジャーナルの女性記者。情熱的でタフな性格。

（出演／栗原瞳）
島田奈々子
ＯＲＥジャーナルのシステムエンジニア。無口で奇天烈な人物。

（出演／森下千里）
浅野めぐみ
北岡の元秘書で、ＯＲＥジャーナルに新規採用された。低血圧の女性。

（出演／角替和枝）
神崎沙奈子
神崎兄妹の叔母で紅茶専門店〝花鶏〟のオーナー。優衣の面倒を見る。

（出演／つぶらまひる）
小川恵里
秋山 蓮の恋人。神崎士郎の実験の影響で意識を失い、眠り続けている。

ミラーモンスター

ミラーワールドに生息する怪物の総称で、その正体は、神崎士郎と神崎優衣が幼少期に描いた絵が実体化したもの。人間を捕食する本能に突き動かされて現実世界に出現するが、長時間の滞在は不可能。知能は高くないようだ。

ディスパイダー

蜘蛛型のモンスター。口から吐き出す強靭な糸で現実世界にいる人間をからめ捕り、ミラーワールドへ引きずり込んで捕食する。鋭い牙と8本の脚で敵を攻撃する。

ディスパイダー リ・ボーン

（声の出演／山野井仁）

ディスパイダーが、半獣半人体に進化変身した姿。人体状の胸部から敵の体を麻痺させる棘を発射する。

メガゼール

（声の出演／菊池いずみ）

レイヨウ型のモンスター。スピードに優れ、瞬間にライダーが感知できない距離まで移動できる。

ゼブラスカル アイアン

（声の出演／千田義正）

縞馬型モンスター。両腕に装備された角状の武器を超高速で振るい、獲物の体をスライスして捕食する。

ゼブラスカル ブロンズ

（声の出演／千田義正）

体の各部を繋ぐ筋肉がバネ状に伸縮し、敵の攻撃によるダメージを軽減する特殊能力を持つ。

ワイルドボーダー

（声の出演／千田義正）

気性が荒い猪型モンスター。頑丈な体で敵に体当たりし、木っ端微塵に粉砕する。角から衝撃波を放つ。

ゼノバイター

（声の出演／塩野勝美）

電車の乗客たちを一瞬でミラーワールドに引き込み、捕食していたカミキリムシ型モンスター。

テラバイター

（声の出演／高田由美）

背中に背負った巨大なブーメランを投げ、遠距離にいる複数の獲物を同時に狩る貪欲なモンスター。

デッドリマー

（声の出演／塩野勝美）

猿型モンスター。額にある第三の眼から照射するレーザーで敵をロックオンし、銃で攻撃する。

バクラーケン

（声の出演／千田義正）

烏賊型モンスター。粘着性の強い吸盤を装備した触手を投げつけ、敵を捕らえる。頭から煙幕を噴射する。

ウィスクラーケン

（声の出演／千田義正）

バクラーケンの同族。長柄の武器で敵の体を切り裂き、剛腕から繰り出すパンチで止めを刺す。

ゲルニュート

（声の出演／塩野勝美）

イモリ型モンスター。指先に装備した吸盤を使用し、壁面を移動する。手の平から強粘液を放射する。

ガルドサンダー

（声の出演／塩野勝美）

神崎士郎に仕える、鳳凰型モンスター。火の鳥と化し、上空で850℃に及ぶ火焔弾を撃ってくる。

ネガゼール

（声の出演／千田義正）

レイヨウ型モンスター。両腕についたカッターで敵を薙ぎ払い、頭部の巨大な角で串刺しにする。

オメガゼール

（声の出演／千田義正）

レイヨウ型モンスターのリーダー的存在であり、同族を従えている。鉄状の武器がついた杖を使用する。

アビスハンマー

（声の出演／塩野勝美）

シュモクザメ型モンスターで、水中・地中を時速125kmで移動。胸部に装備した速射砲で敵を倒す。

アビスラッシャー

（声の出演／塩野勝美）

鮫歯状の双振りの太刀を武器とする鮫型モンスター。口から高圧水流を噴射し、敵の動きを封じる。

シアゴースト

（声の出演／柴本浩行ほか）

集団攻撃を得意とするヤゴ型モンスター。口から粘着性のある糸を吐き、敵の体をからめ捕る。

レイドラグーン

（声の出演／柴本浩行ほか）

シアゴーストが変態し、その殻を脱ぎ捨てて出現する蜻蛉型モンスター。両腕のカッターが武器。

ハイドラグーン

レイドラグーンが更に変態した最終形態。空中を時速900kmで飛行し、両腕をミサイルのように発射する。また、爪や牙も強力な武器。

ソノラブーマ

（声の出演／塩野勝美）

蝉型モンスターで、強力な催眠超音波を放射し、敵の動きを封じる。両腕にある鉤爪で、敵の体を粉砕する。

シールドボーダー

（声の出演／千田義正）

猪型モンスター。頭部の棘を武器に突進攻撃を繰り出し、敵を圧殺する戦法を得意としている。

バズスティンガー ホーネット

（声の出演／塩野勝美）

蜂型モンスターの行動隊長役割を担う、雀蜂の怪物。毒が仕込まれた針を敵の体に突き刺す。

バズスティンガー ワスプ

（声の出演／塩野勝美）

似我蜂型モンスターで、ホーネットの作戦を補佐する。鋭い剣で敵の体を切り裂こうとする。

バズスティンガー ビー

（声の出演／塩野勝美）

蜜蜂型モンスター。毒を塗った矢を弓で飛ばし、150m先にいる敵を正確に狙い撃つことができる。

ブロバジェル

（声の出演／塩野勝美）

海月型モンスター。体に備えた球状の電極より電気エネルギーを発生させ、両手の爪から放電する。

ミスパイダー

（声の出演／小田木美恵）

口から強粘性の糸を吐いて50m先の獲物を捕らえ、巨大な牙で体を砕く地蜘蛛型モンスター。

レスパイダー

（声の出演／兵藤まこ）

女郎蜘蛛型モンスター。顔面に備えたドームレーダーで敵を察知し、同族と連携攻撃を行う。

ソロスパイダー

（声の出演／塩野勝美）

足長蜘蛛型モンスター。腕力に優れ、両腕から伸びた鉤爪を突き刺してあらゆる物体を裂断する。

ディスパイダー

ミラーワールドの要といわれる"ミラーコア"を守護する、蜘蛛型モンスター。口から鋼のように強い糸を吐き、敵の動きを封じる。

ガルドミラージュ

（声の出演／塩野勝美）

空中を時速600kmで飛行する、鳳凰型モンスター。両腕に生えた鋭い鉤爪で獲物の体を引き裂く。

ガルドストーム

（声の出演／塩野勝美）

ガルドサンダー、ガルドミラージュの同族。頭部の羽根飾りを手裏剣のように飛ばし、敵を倒す。

バズスティンガー ブルーム

（声の出演／塩野勝美）

熊蜂型モンスター。刀としても使用可能な弓を武器とし、そこから放つ毒矢で敵の体を麻痺させる。

バズスティンガー フロスト

（声の出演／塩野勝美）

土蜂型モンスター。両手に持った2本のニードルで敵の体を突き刺し、一瞬でショック死させる。

（声の出演／柴本浩行ほか）

モンスター軍団

ミラーワールドにあるビルの屋上に出現したソノラブーマ、ウィスクラーケン、ゼノバイター。仮面ライダーナイトに存在をキャッチされ、3体同時に攻撃を仕掛けてきたが、粉砕されてしまう。

マガゼール

（声の出演／塩野勝美）

素早い動きと驚異的な跳躍力を誇る、レイヨウ型モンスター。両腕のカッターと鋏状の武器で戦う。

（声の出演／塩野勝美）

ガゼル集団

仮面ライダーインペラーに協力し、龍騎とタイガを攻撃するレイヨウ型モンスターたち。統率のとれた集団行動を得意とし、次々と敵に襲いかかっていく。

シアゴースト

（声の出演／柴本浩行ほか）

ヤゴ型モンスター。口から種子を飛ばして人に植えつけ、体内で発芽させて触手状に成長させる。

（声の出演／柴本浩行ほか）

モンスター軍団

ミラーワールドに入った神崎優衣の周りに集合した怪物たち。ガルドミラージュ、アビスラッシャー、バズスティンガー、ミスパイダー、ゼノバイターなどが出現。

（声の出演／柴本浩行ほか）

レイドラグーン

蜻蛉型モンスターで、シアゴーストの殻を脱ぎ捨てて成長した。頭部から生えた羽で空中を飛ぶ。

製作スタッフ
原作／石ノ森章太郎　スーパーバイザー／小野寺章（石森プロ）
プロデュース／濱田千佳（テレビ朝日）・白倉伸一郎・武部直美・
宇都宮孝明（東映）　脚本／井上敏樹　監督／田崎竜太・長石多
可男・石田秀範・田村直己（テレビ朝日）・鈴村展弘　特撮監督
／佛田洋　アクション監督／宮崎剛（ジャパン・アクション・エン
タープライズ）　音楽プロデューサー／長澤隆之(avex mode)
音楽／松尾早人　撮影／松村文雄・いのくままさおほか　音声
／堀江二郎・山本保美ほか　照明／斗沢秀・明田光男ほか　V
E／江島公昭・瀬尾幸夫ほか　美術／大嶋修一・中森宗男　装
飾／高桑道明・小林正樹（大晃商会）ほか　装置／紀和美建
メイク／藤田久美子・小林裕恵（サンメイク）ほか　衣裳／滝口
晶子・松下麗子（東京衣裳）ほか　操演／高木友善（ライズ）　助
監督／柴﨑貴行・田澤裕一ほか　記録／森みどり・増田千尋ほ
か　制作主任／東正信・富田幸恵ほか　制作進行／上田歩史・
滝沢栄ほか　カースタント／西村信宏（タケシレーシング）　編集
／長田直樹──E・E・D／纐纈秀隆（T・O・V・I・C）　MA／曽我昇・
深井康幸（東映東京撮影所）ほか　選曲／金成謙二（ドン・カン
パニー）　音響効果／大野義彦（大泉音映）　キャラクターデザイン
／早瀬マサト（石森プロ）　クリーチャーデザイン／篠原保　資料
担当／飯田浩司（石森プロ）
造型／前澤範・竪川昌宏（レ
インボー造型企画）ほか　ス
マート・レディ衣裳造型／辻
本隆文　ファイズフォン造型／
宮城デザインモデル　VFX
スーパーバイザー／高橋政千
［(株)特撮研究所］・佐藤敦紀
(Motor/lieZ)ほか　ビジュア
ルエフェクト／拔橋尚文・足立
亨［(株)特撮研究所］ほか
オーサリング／小林真吾（スタ
ジオガラパゴス）　制作担当／
竹内洪太　制作デスク／青
柳夕子　制作／テレビ朝日
・東映・ADK

2003年(平成15年)1月26日～
2004年(平成16年)1月18日放映

人類とオルフェノクの未来を巡り、疾走する本能！

仮面ライダー555
MASKED RIDER φ's

乾巧

↓自己弁護などを一切しないため、他人に誤解される事も多い。

↑園田真理からファイズギア、オートバジンなどを託される。

→オルフェノクとの対決のなか、園田真理や菊池啓太郎と心を通わすようになる。

↑かなりの猫舌で、熱いものを食べる事が苦手。

"自分の夢"を見つけるために全国を旅するフリーター！

（出演／半田健人）

↑オルフェノクの王を倒し、遂に"自分の夢"を摑むが……。

格闘態

ウルフオルフェノク

疾走態

乾巧が変化する、狼の特質を備えたオルフェノク。全身から生えた剃刀のような刃とメリケンサックが戦力。

↑時速300kmの速度で走行。

無愛想だが、人一倍繊細で思いやりが深い！

　人を裏切ってしまう事への恐れから無愛想な態度を貫いてはいるが、本当は人一倍優しく、心に強い信念を秘めた青年。幼い頃に遭遇した事故によってウルフオルフェノクへと覚醒し、他人と深い関わりを持つ事を恐れていたが、"自分の夢"を探す旅の途中で園田真理と出会い、仮面ライダーファイズとしてオルフェノクから人類を守る宿命を背負ってしまった。

仮面ライダーファイズ

"オルフェノク"の王を守るために開発された、特殊ツールの一つ！

→100mを5.8秒で走行し、敵に突撃する。

↑超金属・ソルメタルで形成されたファイズの装甲は、重戦車の主砲の直撃にも耐える。

ファイズギア
強化戦士"ファイズ"の、変身及び攻撃用特殊ツールセットである。

↑ファイズエッジを振り、オルフェノクの体を①字形に切り裂く事もある。

↓ファイズフォンが変形した光弾銃・フォンブラスターで敵を破壊。

↑ファイズエッジの破壊力は、4段階に調整する事ができる。

↓右足に装着したファイズポインターで敵を追尾し、キックを放つ。

↓オートバジンの左ハンドルを引き抜き、専用剣・ファイズエッジとして使用。

↑全身を駆け巡る流体エネルギー・フォトンブラッドが赤く発光。

オルフェノクのみが装着できる！
ファイズドライバーを装着した者、乾 巧の体に形成される、戦闘用特殊強化スーツで、巨大複合企業スマートブレイン社が製作。基本的にはオルフェノクのみが装着できるシステムであり、身体能力を通常の何倍にも高めるという機能を持つ。

↑ファイズエッジを使用し、オルフェノクを一瞬のうちに切り倒す。

↓加速中のアクセルフォームは、オルフェノクにも視認できない。

アクセルフォーム

アクセルメモリーによって作動する、ファイズの超加速形態。ファイズアクセルを起動させる事で、10秒間のみ通常の1000倍の速度で活動できる。

↑ファイズブラスターを光弾銃や光剣に変形させる。

ブラスターフォーム

強化ツール・ファイズブラスター内に電子分解されている新しいファイズスーツを装着する事で変身する、ファイズの最強形態。空中飛行能力も装備された。

↑両肩に出現する武器、ブラッディキャノンからフォトンブラッド弾を撃ち出す。

そのほかのファイズギア使用者

赤井
（出演／山崎勝之）

巧や真理を襲い、ファイズドライバーを奪い取った男。

海堂直也
（出演／唐橋充）

裏切り者のオルフェノクを倒すため、ファイズに変身。

琢磨逸郎
（出演／山崎潤）

ファイズに変身し、カイザドライバーをも奪おうとする。

草加雅人
（出演／村上幸平）

ファイズドライバーの力を利用し、木場勇治を襲った。

木場勇治
（出演／泉政行）

巧に代わってファイズになり、オルフェノクに挑んだ。

マルチな才能を誇るが極度の潔癖性!

流星塾時代の園田真理の同窓生。テニス、乗馬、フェンシングなど、様々なスポーツに才能を発揮する青年だが、神経質なほどの潔癖性でもある。カイザギアに適応する能力を持ち、仮面ライダーカイザとしてオルフェノクに戦いを挑む。

↑慶泉学院大学2年A組に籍を置き、馬術部などの部長をしている。

→初対面時から、巧に敵意を抱いていた。

→自分の目的を達成するためには、敵も利用。

少年時代の雅人

声演／伊藤祐光

弱虫で、流星塾ではいつも真理に助けられていた。

草加雅人

自身の目的のためだけに行動する、したたかな男!

（出演／村上幸平）

↑カイザギアの多用で体の灰化が始まり、木場が変身したカイザに倒される。

通常の人間ではベルトの力に耐えきれない!

カイザドライバーを装着した者の体に形成される戦闘用特殊強化スーツ。ダブルストリームと呼ばれる2本の流動経路によってフォトンブラッドが高出力で供給されているため、キック力、パンチ力を始めとするパワーは全てファイズを上回っている。人間が使用した場合、その力に耐えきれず、死に至る。

↑カイザブレイガン ガンモードから濃縮エネルギー弾を発射し、敵を爆破。

↑ひと飛び30mの跳躍力と100mを6.3秒で走破する脚力を生かし、オルフェノクと対決する。

そのほかのカイザギア使用者

西田清高
（出演／河崎芳則）
流星塾の同窓生。カイザに変身後、命を落とす。

神道貴久
（出演／近田壮太郎）
仲間を守るためにカイザになったが、死亡する。

影山冴子
（出演／和香）
ラッキー・クローバーの一員。カイザの力を奪う。

木場勇治
（出演／泉政行）
カイザに変身し、絶命寸前の草加に止めを刺す。

菊池啓太郎
（出演／溝呂木賢）
特殊薬の作用で、一度だけカイザになった人間。

↑カイザブレイガンをブレードモードに変形させ、敵めがけて突進。一撃のもとに切り倒す。

← 3tの破壊力を持つパンチで、強固な物体も砕く。

仮面ライダーカイザ

ファイズギアを凌駕する戦力を持ったツール

カイザギア
多くの人命を奪い、“呪われたベルト”と呼ばれる。

三原修二

（出演／原田 篤）

デルタギアに適合した流星塾出身者!

↑オルフェノクに恐怖を感じ、草加にデルタギアを返そうとした事もある。

↑自身の〝帰る場所〟を見つけるため、デルタに変身し、戦う事を決意。

→同窓生の阿部里奈に好意を寄せ、行動をともにした。

→戦いを終えた後、児童園で子供たちの世話をする。

運命に立ち向かうため、デルタへの変身を決意!

同窓生たちとの関わりを避けながら生活していた、流星塾出身者。デルタギアの適合者として草加雅人からシステムを託されるが、戦いに巻き込まれることを恐れ、一時は錯乱状態に陥っていた。しかし、運命に立ち向かう仲間たちに励まされ、仮面ライダーデルタとして活躍する事となった。

木村沙耶
（出演／斉藤晴衣）
デルタギアの適合者。オルフェノクに殺される。

徳本恭輔
（出演／佐伯 俊）
デルタに変身後、精神崩壊を起こしてしまう。

新井賢
（出演／本田博仁）
真理を拉致し、デルタギアを奪おうとする。

北崎
（出演／藤田 玲）
ラッキー・クローバーの一員。デルタに変身した。

草加雅人
（出演／村上幸平）
デルタギアも使いこなす、カイザギア適合者。

乾巧
（出演／半田健人）
デルタに変身し、オルフェノクに立ち向かう。

阿部里奈
（出演／河西りえ）
デルタギアの力に溺れぬ、強い心を持った少女。

村上峡児
（出演／村井克行）
スマートブレイン社の社長。デルタに変身した。

仮面ライダーデルタ

装着者の戦闘本能を刺激する、危険なツール!

←ラッキー・クローバーの北崎が変身した際のデルタは、最強の悪魔となる。

↑専用アイテムのデルタムーバーを使用し、敵を正確に射撃。

↑デルタムーバーをポインターモードにし、ポインティングマーカーを照射。

↑ポインターモードを右腰につけ、ルシファーズハンマーを炸裂させる。

3人ライダー

巧のファイズと草加のデルタに三原が変身したデルタが加わり、ラッキー・クローバーと対決した。

"究極の戦士"を生み出すという理念で開発される!

ファイズやカイザ以前に開発されていたシステムで、"究極の戦士"を生み出すというコンセプトを忠実に再現している。ほかの2つのギアとの決定的な違いは、装着者の脳波にさえ介入する闘争システム・デモンズスレートで、その影響のためにデルタに変身した者は凶暴化する事も多い。

デルタギア

トランスジェネレーターとドライバーが一体となっている。

初めて目的を見つけた青年が ″正義の味方″となって敵に挑む!

自分の夢を探して各地を流離っていた青年・乾 巧は、九州で偶然に知り合った少女・園田真理からファイズギアを託され、仮面ライダーファイズとして戦う宿命を背負ってしまう。対決の意義も理解できぬまま、オルフェノクとの攻防戦を展開していた巧だったが、真理の夢や情熱に触れているうち、自分がファイズとなってすべき事・″皆の夢を守る″という目的を持つようになっていった。

↓ファイズは、クレインを倒そうとするカイザと対立。

↑第2の戦士・カイザの登場で戦いは風雲急を告げる。

↑突然、ファイズに変身させられた巧は、キックで敵を粉砕。

↑九州から東京へ向かう途中、オックスの追撃を受ける。

↑次々と人間を襲うスクィッドを鉄拳で空中に跳ね飛ばす。

↑2大強敵、ホースとスネークの急襲に苦戦を強いられる。

スマートブレイン社からベルトを取り返し、ファイズとなってスネイルに立ち向かう巧。

夢の守り人! 人類の進化繰り広げる、

↑カイザは凄まじい戦力を発揮し、敵を次々と攻撃していく。

↓オルフェノクにされた者も倒さなければならない現実に苦悩。

↑ラッキー・クローバーとの対決中、ベルトを奪われてしまう。

↓強化ツールでアクセルフォームになり、センチピードを攻撃。

↑多くの敵の前でウルフオルフェノクに変身し、ホースと対決。

ファイズとホースの一騎打ち。デルタ（北崎）が乱入するが相手にされない。

↓ラッキー・クローバーの猛攻を浴び、ファイズとカイザは危機を迎えた。

↑龍人態となったドラゴンが、アクセルフォームと超スピード戦を展開する。

↓ファイズとカイザが対決する事となったが、勝負の決着はつかない。

↑真理から渡されたファイズブラスターの力で最強形態となり、強敵を撃破。

↑スマートブレイン社から警視庁に貸し出された怪人が、クレインを襲う。

↑3人の力で、村上が変化したローズを粉砕する。

↓ドラゴンの体に、3大戦士の鉄拳攻撃が炸裂。

↑ホースと最終対決を展開したが、止めは刺せなかった。

ファイズはアークオルフェノクとの激戦に勝利し、平和を取り戻す。だが、巧の体にも変化が。

形 オルフェノクが果てしなき攻防！

オートバジン

スマートブレイン・モータースが製作!

スマートブレイン・モータースがファイズの支援目的で開発した、可変型バリアブルビークル。次世代型高速CPUであるスマートPCⅣを搭載し、その機能によってビークルモードからバトルモードに変形し、活動する事が可能。

↑450PSの出力を誇り、悪路をも時速380kmで走破する。ジャンプ力も高い。

↑バトルモードのパンチ力は7.6t。また、2500PSという高出力を発揮する。

バトルモード

ビークルモードから変形した、自己意識で行動するハイテクロボット形態。9.5tのキック力を持つ。

オートバイからハイテクロボに変形する、可変型バリアブルビークル!

SB-555V

ビークルモード

オートバジンのバイク形態。市販のガソリンを燃料として使用しているが、タンク内部で高純度燃料ソルグリセリンへと変換させ、驚異的なパワーを発揮する。

サイドバッシャー

ビークルモード
サイドバッシャーのバイク形態。時速360kmで走行し、光子バルカン砲で敵を攻撃。側車部・ニーラーシャトルには人が乗せられる。

↓ファイズが運転し、カイザが側車に乗った事もある。

バトルモード
ビークルモードが変形した二足歩行重戦車形態。地上をローラーダッシュする。

カイザ専用として開発されたマシン！

↑最初は真理のもとに送られてきたが、ファイズに託される。

↑ビークルモード時でも、自力走行などができる。

↑化学合成ゴムタイヤにより、いかなる路面にも対応できる。

↑ビークルモードを走行させて突撃し、敵に体当たり。

体当たりで障害物を粉砕可能！

スマートブレイン・モータースとスマートブレイン・テクノロジーが共同開発した、カイザ専用の可変型バリアブルビークル。950PSの出力を発揮し、敵に突撃。

超高速アタッキングビークル！ ジェットスライガー

←デルタ（北崎）がジェットスライガーで攻撃してきたため、ファイズも同型マシンを召喚。

1900PSエンジンを搭載！

HIMAC（光粒子加速機）設計理念に基づき、スマートブレイン・テクノロジーとスマートブレイン・インダストリアルが共同開発した超高速アタッキングビークル。出力1900PS、時速1300km。

仮面ライダーサイガ

スマートブレイン社社長直属の用心棒！

帝王のベルト〝天〟で変身！

スマートブレイン社の特別室に保管されていた帝王のベルト〝天〟の力で変身する、空中戦用特殊強化スーツの戦士で、村上社長直属の用心棒的役割も担っている。背面に装備した飛行ユニット・フライングアタッカーを使用し、空中を時速820kmで飛行し、敵に奇襲攻撃を行う。また、会得した様々な格闘技を繰り出す。

〔出演：ピーター・ホー〕
レオ
スマートブレイン社のエリート社員。人間解放軍を攻撃。

↑フライングアタッカーの操縦桿を引き抜き、接近戦用武器・トンファーエッジモードとして使用。

→ブースターライフルモードからエネルギー弾を撃つ。

→サイガフォンをフォンブラスターに変形させ、射撃。

→スマートブレイン闘技場で、ファイズと死闘を展開。

→故障したフライングアタッカーを、強制排除した。

↑刀身から巨大なエネルギーの剣を伸ばす。

仮面ライダーオーガ

ブラスターフォーム以上の身体能力を有する！

巨大なエネルギー状の剣で戦う！

オルフェノクとして生きることを決意した木場勇治が、帝王のベルト〝地〟の力で変身した戦士。超硬金属ルナメタル製の戦闘用特殊強化スーツを全身に装着し、ファイズ ブラスターフォーム以上の戦力・能力を発揮できる。〝冥界の剣〟と呼ばれるオーガストランザーが専用武器。

木場勇治

（出演・泉 政行）

村上社長の策略で、人間に裏切られたと誤解してしまう。

ライオトルーパー

量産型ベルトで変身する、スマートブレイン社の量産強化戦闘兵！

ジャイロアタッカー

変形機能を持たない、量産型のオートバジン。

スマートブレイン兵士

世界に残った人類の抹殺が使命。

↑6体のライオトルーパーで、チームを編成している。

海堂直也

（出演・唐橋 充）

スマートブレイン社員とともに変身し、巧らを襲撃。

集団攻撃を得意とする！

スマートブレイン社が組織したオルフェノク兵士たちが変身する量産強化戦闘兵。別名・ライダー騎兵とも呼ばれ、その構成員は1万人といわれている。アタセレイガンが専用武器。

オルフェノクによる世界制覇を狙う!

日本有数の巨大複合企業。“未来創造”を企業理念とし、海底から宇宙まで、社会システムから日常生活システムまでを、幅広い事業を世界的に展開している。表の顔は“社会の公器”だが、真の目的は、オルフェノクによる世界制覇であった。

↑スマートブレインの本社は、東京にある。

スマート・レディ

〈出演/栗原瞳〉

スマートブレイン社のスポークスマン兼社長秘書。オルフェノクの世話をする。

↓花形の意思で村上に代わり、木場が新社長に就任。

↑巧たちからファイズギアを奪い取ろうと画策する。

世界的に事業を展開する、巨大複合企業!

村上峡児
〈出演/村井克行〉
前社長・花形の行方不明を受け、代理社長に就任したエリート。

ローズオルフェノク
村上が変化する、薔薇の特質を備えた怪人。蔓状の光輪を放つ。

花形
〈出演/中康治〉
スマートブレインの前社長。オルフェノクの王を探すことが目的。

ゴートオルフェノク
花形が変化する、山羊の特質を備えた怪人。時速310kmで疾走。

主要登場人物

園田真理
〈出演/芳賀優里亜〉
花形に養女として育てられた。巧とともに敵に立ち向かう。

菊池啓太郎
〈出演/溝呂木賢〉
経営するクリーニング店で、巧や真理と同居している青年。

添野錠二
〈出演/石田太郎〉
オルフェノクが関与する怪事件を追う、ベテラン刑事。

沢村
〈出演/岩川幸司〉
添野の直属の部下で、ともに怪事件を捜査する新人刑事。

増田
〈出演/山西道広〉
幼少期の真加や草加が所属していた、流星塾の元教師。

オルフェノク

人類の進化形といえる知的生命体で、地球上の動植物の特性を備えている。自己覚醒の〝オリジナル〟は滅多に現れないが、全てのオルフェノクは使徒再生能力を有し、人間をオルフェノク化させることができる。

格闘態

疾走態

激情態

ホースオルフェノク

木場が変化する、馬の特質を備えた怪人で、使徒再生の剣と敵の攻撃を防ぐ強固な盾を持つ。格闘態から疾走態、激情態へも変身。

木場勇治
（出演／泉政行）
人間として生きようとする青年。

クレインオルフェノク

格闘態

結花が変化する、鶴の特質を備えた怪人。時速480kmで飛行し、素早い動きで敵を幻惑する。

長田結花
（出演／加藤美佳）
人を愛そうと葛藤している、孤独な少女。

激情態

飛翔態

スネークオルフェノク

格闘態

海堂が変化する、蛇の特質を備えた怪人。猛毒で敵を失血死させる。

海堂直也
（出演／唐橋充）
天才ギタリストとして将来を嘱望されていたが、恩師によってその夢を断たれてしまった。

クロコダイルオルフェノク

格闘態

ジェイが変化する、鰐の特質を備えた怪人。3つの命を持ち、格闘態、剛強態、凶暴態となった。

ジェイ
（出演／ケネス・ゾリ）

剛強態

凶暴態

センチピードオルフェノク

琢磨逸郎
（出演／山崎潤）

琢磨が変化する、百足の特質を備えた怪人。時速200kmで移動し、20mも伸びる鞭で敵を打ち据え、動きを封じる。

ロブスターオルフェノク

影山冴子
（出演／和香）

ラッキー・クローバーが集う〝バー・クローバー〟の経営者、冴子が変化する、海老の特質を備えた怪人。サーベルが武器。

スパイダーオルフェノク

澤田亜希
（出演／綾野）

元・流星塾生の澤田が変化する蜘蛛の特質を備えた怪人。手裏剣を使用。

ラッキー・クローバー

上の上のオルフェノクで構成されたエリート集団で、スマートブレイン社から最上級の暮らしを提供されている。メンバーは4人で、誰かが死亡すると彼ら自身が補充者を選抜。

ドラゴンオルフェノク

魔人態

北崎
（出演／藤田玲）

龍人態

北崎が変化する、龍の特質を備えた強力怪人。魔人態や龍人態になり、ファイズを襲う。

スティングフィッシュオルフェノク

格闘態

遊泳態

井沢博司

〈出演／木下政治〉

井沢が変化する、鱝の特質を備えた怪人。滑空能力を持つ。

エレファントオルフェノク

格闘態

突進態

コートの男

〈出演／永沢慧〉

コートの男が変化する、象の特質を備えた怪人。大砲が武器。

オックスオルフェノク

青木

〈出演／田中に浩二〉

青木が変化する、牛の特質を備えた怪人。握り拳状の鉄球を振り回し、敵の体を木っ端微塵に打ち砕いてしまう。

カクタスオルフェノク

赤井

〈出演／山崎勝之〉

赤井が変化する、サボテンの特質を備えた怪人。全身に生えた棘で敵を刺す。

マンティスオルフェノク

緑川

〈出演／佐藤幹雄〉

緑川が変化する、蟷螂の特質を備えた怪人。両腕の鎌で敵を八つ裂きにする。

スクィッドオルフェノク

戸田英二

〈出演／影丸茂樹〉

戸田が変化する、烏賊の特質を備えた怪人。使徒再生能力を持つ棍棒が武器。

オウルオルフェノク

教授

〈出演／小倉一郎〉

教授が変化する、梟の特質を備えた怪人。口から神経ガスを放出。

スカラベオルフェノク

メガネの男

〈出演／木下〉

メガネの男が変化する、黄金虫の特質を備えた怪人。サーベルで敵の体を貫く。

スネイルオルフェノク

覆面の男

〈出演／鈴木浩司〉

覆面の男が変化する、蝸牛の特質を備えた怪人。吸着する手足で壁面も登る。

エキセタムオルフェノク

〈声の出演／塩川勝美〉

ツクシの特質を備えた怪人。全身から毒性を持つ胞子を噴射する。

フライングフィッシュオルフェノク

自転車の男

〈出演／田口亮〉

自転車の男が変化する、飛び魚の特質を備えた怪人。巨大水中銃から銛を発射。

アルマジロオルフェノク

森下義正

〈出演／松尾敏伸〉

森下が変化する、アルマジロの特質を備えた怪人。剛腕で巨大剣を振り回す。

トードスツールオルフェノク

ピエロ

〈声の出演／立川真也〉

ピエロが変化する、毒キノコの特質を備えた怪人。頭の笠から毒胞子を撒く。

スコーピオンオルフェノク

大野木

〈出演／坂田鉄司〉

大野木が変化する、蠍の特質を備えた怪人。フレイルと呼ばれる武器を使用。

ドルフィンオルフェノク

青木茂久

〈出演／掘川泉時〉

青木茂久が変化する、海豚の特質を備えた怪人。鰭状の鋭利な剣で立ち向かう。

ワームオルフェノク

浩一

〈出演／田村圭生〉

浩一が変化する、蚯蚓の特質を備えた怪人。全身の触手を伸ばし、敵の血を吸う。

シーキュカンバーオルフェノク

サラリーマン風の男

〈出演／河野達郎〉

サラリーマン風の男が変化する、海鼠の特質を備えた怪人。溶解液を投げる。

ラビットオルフェノク

小林義雄

〈出演／内山眞人〉

小林が変化する、兎の特質を備えた怪人。25mの跳躍力を持つが、臆病な性格。

フロッグオルフェノク

襲われた男

〈出演／森嶋将士〉

スパイダーオルフェノクに襲われた男が変化した、蛙の特質を備えた怪人。

バタフライオルフェノク

蝶の特質を備えた怪人。空中を飛び回る。

ワイルドボアオルフェノク

猪の特質を備えた、超怪力の怪人。

ペリカンオルフェノク

ペリカンの特質を備えた怪人。嘴が武器。

スラッグオルフェノク

蛞蝓の特質を備えた怪人。粘液を噴射する。

モールオルフェノク

土竜の特質を備えた怪人。地中を高速移動。

ムースオルフェノク

ヘラジカの特質を備えた怪人。脚力が強い。

ジラフオルフェノク

麒麟の特質を備えた怪人。素早く走り回る。

ロングホーンオルフェノク

カミキリムシの特質を備えた怪人。

ライオンオルフェノク

〈出演／塩野勝美〉

ライオトルーパー部隊長

ライオトルーパー部隊長が変化する、ライオンの特質を備えた怪人。鋭い長槍で敵の体を串刺しにする。

激情態

エラスモテリウムオルフェノク

犀の特質を備えた巨大怪人で、既に人間の心を失っている。

〈声の出演／塩野勝美〉

スティンクバグオルフェノク

カメムシの特質を備えた怪人。

〈出演／舘正貴〉

冴子の部下

ソードフィッシュオルフェノク

冴子の部下が変化する、メカジキの特質を備えた怪人。振動波を出す剣を使用。

〈出演／大塚洋介〉

村上の部下

ライノセラスビートルオルフェノク

村上の部下が変化する、甲虫の特質を備えた怪人。全身に鎖帷子を纏っている。

〈出演／千葉誠樹〉

村上の部下

スタッグビートルオルフェノク

鍬形虫の特質を備えた怪人で、ライノセラスビートルとタッグを組んで攻撃。

〈出演／高畑雄亮〉

ボクサー

オクトパスオルフェノク

ボクサーが変化する、蛸の特質を備えた怪人。ロードワーク中に人間を襲う。

〈出演／青戸昭憲〉

琢磨の手下の若い男

ピジョンオルフェノク

琢磨の手下の若い男が変化する、鳩の特質を備えた怪人。

〈出演／白井雅士〉

メガネの男

バーナクルオルフェノク

藤壺の特質を備えた怪人。ハンドボール大のガス爆弾と頑丈なボディーが戦力。

〈声の出演／塩野勝美〉

青沼

〈出演／三上真史〉

流星塾生の青沼が変化する、ナマケモノの特質を備えた怪人。鉤爪で攻撃する。

スロースオルフェノク

〈声の出演／塩野勝美〉

オクラオルフェノク

オクラの特質を備えた怪人。斧を振るう。

〈声の出演／塩野勝美〉

フリルドリザードオルフェノク

襟巻きトカゲの特質を備えた怪人。

〈声の出演／松田悟志〉

クラブオルフェノク

蟹の特質を備えた怪人。左腕を改造された。

〈出演／大塚大介〉

サングラスの男

バットオルフェノク

サングラスの男が変化する、蝙蝠の特質を備えた怪人。2丁拳銃から、強力な鉄鋼弾を発射。

〈出演／成田貴史〉

革ジャンの男

コーラルオルフェノク

革ジャンの男が変化する、珊瑚の特質を備えた怪人。突起状の口からゲル溶液を噴射する。

〈出演／渡辺裕太〉〈声の出演／家中宏〉

鈴木照夫

アークオルフェノク

鈴木照夫が変化する、オルフェノクの王。オルフェノクを餌とし、戦力・能力を強化する。

“不死生物”の封印という宿命を背負う人類の救世主！

製作スタッフ
原作／石ノ森章太郎　スーパーバイザー／小野寺 章（石森プロ）　プロデュース／松田佐栄子（テレビ朝日）・日笠 淳・武部直美・宇都宮孝明（東映）　脚本／今井詔二・宮下隼一・井上敏樹・會川 昇　監督／石田秀範・鈴村展弘・長石多可男・諸田 敏・佐藤健光・息 邦夫　特撮監督／佛田 洋　アクション監督／宮崎 剛（ジャパン・アクション・エンタープライズ）　音楽プロデューサー／長澤隆之（avex mode）　音楽／三宅一徳　撮影／いのくままさお・倉田幸治ほか　照明／明田光男・おおたからお ほか　ＶＥ／瀬尾幸夫・佐々木甚成ほか　ＦＣ／市毛幸雄・古野健也ほか　ＣＡ／田中 崇・山本直幸ほか　美術／大嶋修一　装飾／高桑道明・小林正樹（大晃商会）ほか　装置／紀和美建　メイク／今仲俊介・奥村弘子（サンメイク）　録音／畑 幸太郎・大井 徹　衣裳／滝口晶子・塚本志穂（東京衣裳）ほか　操演／船越幹雄・高木友善（ライズ）　助監督／柴﨑貴行・息 邦夫ほか　記録／増田千尋・斎藤能子ほか　進行主任／東 正信・鳥山佳克ほか　制作進行／武中康裕・吉川明人ほか　カースタント／西村信宏・河村章夫（タケシレーシング）ほか　編集／長田直樹　ＥＥＤ／緩鹿秀隆・田辺雅子（ＴＯＶＩＣ）　ＭＡ／曽我 薫・山口稔之（東映東京撮影所）ほか　選曲／金成謙二（ドン・カンパニー）　音響効果／大野義彦（大泉音映）　キャラクターデザイン／飯田浩司（石森プロ）　クリーチャーデザイン／韮沢 靖・篠原 保ほか　資料担当／早瀬マサト（石森プロ）　造型／前澤 範・蟻川昌宏（レインボー造型企画）ほか　ＶＦＸスーパーバイザー／足立 亨（[株]特撮研究所）・佐藤敦紀（Motor／lieZ）ほか　ビジュアルエフェクト／捻橋尚文（[株]特撮研究所）・鈴木 朗ほか　オーサリング／小林真吾・猪瀬希央（スタジオガラパゴス）　制作担当／竹内洪太　制作デスク／青柳夕子・沼達麻耶　制作／テレビ朝日・東映・ＡＤＫ

MASKED RIDER 仮面ライダーブレイド

2004年（平成16年）1月25日～
2005年（平成17年）1月23日放映

（出演／椿 隆之）

剣崎一真

"BOARD（ボード）"にスカウトされた ライダーシステム装着者！

努力を苦とも思わぬ 天才タイプの戦士！

ライダーシステム装着者として人類基盤史研究所・BOARDにスカウトされた青年。仮面ライダーブレイドに変身し、ラウズカードにアンデッドを封印する使命を全うする。人並み以上の能力を苦もなく発揮する天才タイプである。

↑BOARD壊滅後は、単身でアンデッドに挑んだ。

↑少年時代に両親を火事で失い、トラウマを背負う。

↑変身前でも、アンデッドや改造実験体に立ち向かう。

↑最後は自身がアンデッドになってしまい、姿を消す。

仮面ライダーブレイド

ラウズカード

アンデッドを封印するためのカード。ライダーがラウザーでカードを読み込むことで、敵の力が使える。

↑敵との対決で破損したアーマーは、自己修復機能で再生される。

↑"スピードの5"のカードで繰り出す技、ローカストキック。

↑ブレイラウザーは、地球上のあらゆる物体を両断できる強力な剣。

↑280AP（2.8t）のパンチ力を誇り、コンクリートの柱も砕ける。

↑13枚の"スピード"のカードを手に入れ、最強形態に進化変身。

→戦いのなかで、左腕に専用メカ・ラウズアブゾーバーを追加装着。

ラウズカードに封印された
アンデッドの戦力・能力を使用！

　BOARDが開発したライダーシステム2号"ブレイドアーマー"を剣崎一真が装着した姿で、ビートルアンデッドを封印した"スピードのA"のカードをブレイバックルに装填し、変身。専用武器・醒剣ブレイラウザーにラウズカードをラウズすると、そのカードに封印されたアンデッドの戦力・能力を使いこなすことができる。

↑プレイラウザーの先端に
鋭い刃がつき、強化される。

↑5体を超えるアンデッド
の力を、一度に使用できる。

↑プレイラウザーに電気パ
ワーを漲らせ、敵を切る。

ジャックフォーム
　BOARDの元所長・烏丸
が開発したラウズアブゾーバー
に"スペードのJ"を装填、
更に"スペードのQ"をラウ
ズして変身する強化形態。背
中の翼を展開し、空中を時速
300kmで飛行できる。

キングフォーム
　ラウズアブゾーバーに"スペードのQ"を装填し、更に
"スペードのK"をラウズする事で変身した、ブレイドの
最終・最強形態。13枚のギルドラウズカードに封印した全
てのアンデッドと融合し、凄まじい攻撃力を発揮する。

↑重醒剣キングラウザーと醒剣プレイ
ラウザーを同時に振り回し、敵に挑む。

↑キングラウザーで最強必殺技・ロイ
ヤルストレートフラッシュを決める。

←キングフ
ォームは、
装着者の肉
体をアンデ
ッドへと変
貌させてし
まう危険も
孕んでいる。

相川 始
（出演／森本亮治）

人間の姿と心を持ってしまった伝説のアンデッド！

封印したヒューマンアンデッドと意識が同化してしまう！

喫茶店〝ハカランダ〟を営む栗原遥香・天音親子の家に居候している、孤独感を漂わせる青年。その正体は伝説のアンデッドであるジョーカーで、ヒューマンアンデッドの姿を利用し、人間社会に潜んでいた。

↑雪山で遭難した天音の父から家族の写真を渡され、〝ハカランダ〟にきた。

↑いろいろな出会いのなかで人間の心を理解し、社会や風習に馴染んでいく。

↑天音たちを愛するようになり、命を懸けて守る。

↑〝ハートの２〟のカードで始の姿に化身してはいるが、その血は緑色である。

ジョーカー

如何なる生物の始祖でもない、特別な存在。アンデッドをカードに封印し、その能力を自在に扱う。

始が化身したアンデッド

〝ハートの４〟に封印したドラゴンフライ、〝ハートのＪ〟に封印したウルフに化身し、敵と対決。

↑敵の闘争心に呼応し、自身のパワーを強化する。

仮面ライダーカリス

始（ジョーカー）が〝ハートのA〟のラウズカードで変身!

↑カリスアローから光の矢を放ち、敵を封印。

↑敵に対しては容赦がない冷酷な戦士である。

↑カリスアローブレードモードで、敵を切る。

↑アクロバティックな空中戦法を得意とする。

伝説ともいわれる超戦闘力を発揮する戦士!

　相川 始（ジョーカー）がカリスベイルという装甲を身につけた姿で、マンティスアンデッドを封印した〝ハートのA〟をカリスラウザーにラウズし、変身する。伝説ともいわれるほどの超戦闘力を持ち、醒弓カリスアローを使った圧倒的な攻撃力でアンデッドを次々と封印していく。

ワイルドカリス

13枚の〝ハート〟のラウズカードを手に入れたカリスが、〝ハートのK〟で強化変身した究極形態。醒鎌ワイルドスラッシャーが武器。

（出演／天野浩成）

橘 朔也

深層にあった恐怖心を克服し、戦士として成長を遂げた男！

↑先輩ライダーとして、剣崎たちの面倒をみていた。

↑最愛の女性・深沢小夜子をアンデッドに殺害される。

↑アンデッドが変身した男に騙され、太古の藻の力で恐怖心を克服しようとした。

↑全てのアンデッドを封印する強い決意を固めた。

↑"ダイヤのＡ"をギャレンバックルに装填し、変身する。

BOARD の元研究員！

アンデッドによって壊滅したＢＯＡＲＤの元研究員で、ライダーシステム１号・ギャレンとなり、剣崎一真（ブレイド）とともに活動していた。だが、戦うことへの恐怖心が次第に芽生えてしまい、アンデッドとの融合率が低下。肉体を蝕まれてしまった事もあったが、恋人の死を乗り越え、再び戦士として立ち上がる。

仮面ライダーギャレン

豊富な戦闘経験を駆使し、優れた戦術を展開する!

ジャックフォーム

ギャレンが、"ダイヤのJ"と"ダイヤのQ"の力で強化変身。空中飛行能力を身につける。

↑恐怖心を克服した後は、如何なる危険も恐れず、敵に突撃していくようになった。

↑アンデッドを封印したラウズカードは、ギャレンラウザーのオープントレイに収納。

↑プロパーブランクのラウズカードを投げ、倒したアンデッドを封印する。

↑ギャレンラウザーの射撃は高い命中率を誇っている。

↑マスクを破壊されながらもギラファアンデッドと対決。

高い命中率を誇る射撃で戦う!

スタッグビートルアンデッドを封印した"ダイヤのA"で変身する、ライダーシステム1号。基本的な能力はブレイドとほぼ互角だが、戦闘経験が豊富であるため、戦術にかけては全ライダーの中で最も優れている。専用武器である醒銃ギャレンラウザーから強力光弾を発射し、敵を撃破していく。

上城睦月
（出演／北条隆博）

レンゲルに変身するも、アンデッドの邪悪な力に操られる！

アンデッドの呪縛に打ち勝ち、真の仮面ライダーとなる！

スパイダーアンデッドから適合者に選ばれ、仮面ライダーレンゲルになった高校生で、性格は極めて温厚。幼い頃に誘拐された忌まわしい記憶に苛まれるが、スパイダーに支配されない強い意思を持とうと奮闘する。

↑あかつき学院高等学校では、バスケ部に所属する。

↑〝クローバーのＡ〟の邪悪な力に支配されたことも。

↑スパイダーの意思を払いのけ、真の仮面ライダーとして覚醒。

↑悪の世界から連れ戻そうとする剣崎に敵意を抱き、牙を剥く。

↑剣崎から借りたキングラウザーでスパイダーアンデッドを倒した。

仮面ライダーレンゲル

スパイダーアンデッドの戦力・能力を有する！

↑凄まじい攻撃でアンデッドを強引に封印していく。

↑醒杖レンゲルラウザーの先端についた刃で敵を切る。

↑アンデッドの行動を素早くキャッチし、現場に急行。

↑桐生が変身したレンゲルは、ブレイドの強敵となる。

↑カードをレンゲルラウザーでラウズし、戦力を発揮。

アンデッドのマインドコントロール下にあったBOARDの元所長が製作！

　伊坂（ピーコックアンデッド）にマインドコントロールされたBOARDの元所長・烏丸 啓が開発したライダーシステムで、ブレイドやギャレンを遥かに凌ぐ戦闘能力を有している。"クローバーのA"のカードに封印されたスパイダーアンデッドの邪悪な意思に支配され、悪に転じたこともあった。

そのほかのレンゲル装着者

桐生 豪（出演／増沢 望）

BOARDの元研究員で、橘の先輩。正義への憧れからレンゲルのバックルを奪った。

覚醒！ 地球の統制者の座を賭けた
不死生物とのバトルファイト！

↑不死生物の急襲で組織が壊滅。ブレイドは多くの仲間を失う。

↑新たに出現したカリスは、ブレイドをも抹殺しようとする。

↑猛毒に侵された天音を救うため、カリスはセンチピードアンデッドと対決。敵の肩口にある抗体から治療薬を抽出しようとした。

↑もう一人のBOARD戦士・ギャレンは、敵の罠に陥った。

↑アンデッドに利用され、ブレイドに襲いかかるギャレン。

↑第4の戦士、レンゲルは、装着者を惑わす悪魔の力だった。

↑レンゲル（桐生）が解放したアンデッドの集団と激闘を展開。

←次々と出現する上級アンデッドに、カリスは全力で戦いを挑んでいった。

"封印"だけがアンデッドを倒す唯一の手段！

1万年前、地球の統制者の座を賭けて繰り広げられた不死生物・アンデッド同士のバトルファイトが、現代で再び繰り返されることになった。ブレイドは絶大に命を奪えないアンデッドをラウズカードに封印し、戦いを終結させようとする。

アンデッドハンターを
名乗る新名は、ウルフ
アンデッドの化身だった。
ブレイドは醒剣ブレイラ
ウザーで強敵を追撃。

↑ジャックフォームに強化変身
し、上級アンデッドを粉砕する。

↑サーペントの攻撃で記憶を失
っていたカリスが戦線に復帰。

→天音を救うため、
ジョーカーはアル
ビノジョーカーに
全力で立ち向かう。

↑始を庇うブレイドは、ギャレ
ンと激しい戦いを繰り広げた。

↑トライアルEが放った銃弾を
ブレイラウザーで弾き、反撃。

↑トライアルDの攻撃をキン
グフォームの力で打ち砕く。

↑4大ライダーの力が集結。強敵、
トライアルBとGを打ち倒す。

↑タイガーは、レンゲルを救うため
にわざと封印される事を決意する。

↑ティターンの策略で、キングフォ
ームとワイルドカリスが激突した。

↑天王路が作り出した合成アンデッ
ドを、キングフォームの力で撃破。

↑ギャレンはギラファアンデッ
ドを封印した後、海中に没する。

↑最終決戦を終え、ブレイド（剣崎）
はジョーカーを残して姿を消す。

←雪が積もった場所でも安定して走行させる事が可能。

ブルースペイダー

"BOARD" が支給したブレイド専用マシン!

脳波によっての遠隔操作も可能!

　BOARDが製作した仮面ライダーブレイド専用マシン。超小型原子力エンジン "ＡＢ-27Ｅ・アトミックブラスト" を搭載し、地上を時速340kmで走行できる。また、ブレイドの脳波コントロールによって遠方からの無人操縦も可能となっている。特に武器は装備していない。

↑オリハルコンプラチナ製の車体は銃弾にも耐えられる。

↑超小型コンピューターで車体の状態をベストに保つ。

↑駆動部にはリニアモーターが採用され、出力は320PS。

↑車体にモビルラウザーを搭載し、カードを装塡できる。

↓ウイリー走行やジャンプの後、前輪でアンデッドを攻撃。

シャドーチェイサー

始のマシンが謎の力で強化変形!

生物のように意思を持ったマシン!

相川 始がカリスに変身した際に発生するシャドウフォースで、始の乗用バイクが変形したもの。カリスの脳波をうけ、意思を持った生物のように活動。

↑マシン技・トルネードチェイサーを繰り出す。

↑大気中の元素を燃料にし、時速410kmで走行。

レッドランバス

基本性能はブルースペイダーよりやや上!

355PSの最高出力を誇る!

ギャレン専用マシン。機能はブルースペイダーと酷似しているが、性能は最高出力355PS、最高時速380kmと、やや上回る。

←マシンを急発進させ、アンデッドに突進攻撃を仕掛ける事も可能。

グリンクローバー

ブラックボックス化された謎のエンジンを搭載!

↑捕獲ネット弾やスモーク錯乱弾、ホーミングミサイル等を装備。

多彩な兵器を装備!

レンゲルの専用マシンで、車体に搭載された生体コンピューターには"蜘蛛の意思"が宿り、自己意思で行動する。時速320kmで敵を追跡。

新世代仮面ライダー

橘が中心となって開発した新たなシステムの3戦士!

（出演／黒田勇樹）
志村純一
アルビノジョーカーが人間に化けた姿。

仮面ライダーグレイブ

志村純一が"ケルベロスA"のカードをグレイブバックルにラウズし、変身する戦士で、橘 朔也が結成した新世代仮面ライダーのリーダー的な存在としてアンデッドと対決。専用武器・醒剣グレイブラウザーを駆使し、ブレイドを襲った。

↑正義の戦士という表の顔を利用し、仲間を巧みに操る。

↑旧世代のブレイドにライバル心を燃やすふりをし、襲いかかった。

↑上空から敵を攻撃する戦法を得意としているらしい。

↑ランスとラルクをリードし、連携攻撃で敵を粉砕する。

↑ブレイドに匹敵するほどの剣の技を会得した戦士である。

アルビノジョーカー

ジョーカーの亜種ともいうべき存在で、人間に化身。この世界の支配を企む。

仮面ライダーランス

禍木 慎

禍木 慎が"ケルベロスＡ"のカードとランスラウザーで変身する戦士。パワフルな戦闘スタイルを好み、専用武器の醒杖ランスラウザーで敵を粉砕していく。最後はアルビノジョーカーに殺害された。

単細胞で猪突猛進な性格と評される男。

仮面ライダーラルク

純一にスカウトされた三輪夏美が変身する新世代ライダーの一人で、"ケルベロスＡ"のカードとラルクラウザーを使用して変身する。醒銃ラルクラウザーをボウガン形態にし、強力な光矢を発射する。

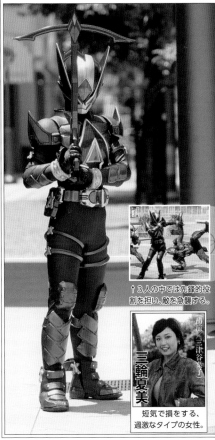

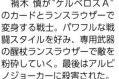

↑3人の中では先鋒的役割を担い、敵を急襲する。

三輪夏美

短気で損をする、過激なタイプの女性。

4人ライダー

アルビノジョーカーが復活させた巨大邪神・14（フォーティーン）を倒すため、ブレイド、ギャレン、レンゲルのチームにカリスが参加。

↑人間が製作した強力な改造実験体に立ち向かう際にも、4人ライダーは集結した。

主要登場人物

広瀬栞

ＢＯＡＲＤの元研究員。アンデッドに挑む剣崎と橘をサポート。

白井虎太郎

ライダーをテーマにした本を書こうとするノンフィクション作家。

栗原遥香

虎太郎の実姉。カメラマンの夫を亡くし、喫茶店を切り盛りする。

栗原天音

遥香の一人娘。相川 始に好意を持ち、父親の面影をダブらせる。

烏丸啓

ＢＯＡＲＤの元所長。ライダーシステムを開発した人物である。

深沢小夜子

橘の大学時代の同窓生で、彼が心を開く唯一の存在。職業は医師。

山中望美

睦月のガールフレンド。可愛らしい外見に反し、芯が強い女性。

アンデッドとは様々な生物の始祖である不死生物で、53体の怪人が存在する。また、改造実験体や合成アンデッドは、人間がアンデッドやライダーのデータから誕生させた人造生命の怪物といえる。

バットアンデッド
（声の出演／大村亨）
蝙蝠の祖たる不死生物で夜行性。空中を飛行し、生物の生き血を吸う。

ローカストアンデッド
（声の出演／塩野勝美）
蝗の祖たる不死生物で、卵より孵化した無数の蝗の集合体。

プラントアンデッド
（声の出演／福山弘孝）
毒蔦の祖たる不死生物。右腕の触手で敵を搦め捕り、体液を吸収。

ディアーアンデッド
（声の出演／福山弘孝）
ヘラジカの祖たる不死生物。驚異的な脚力で急斜面を素早く移動。

モスアンデッド
（声の出演／大村亨）
蛾の祖たる不死生物。口から放つ毒矢と羽から出す青鱗粉が戦力。

センチピードアンデッド
（声の出演／塩野勝美）
百足の祖たる不死生物。猛毒を噴射し、獲物を死に至らしめる。

トリロバイトアンデッド
（声の出演／塩野勝美）
三葉虫の祖たる不死生物。左腕に備えた2本の爪で敵を引き裂く。

ゼブラアンデッド
（声の出演／大村亨）
縞馬の祖たる不死生物。鋭敏な耳で獲物を察知し、襲いかかる。

ピーコックアンデッド
伊坂（出演／本宮泰風）
孔雀の祖たる不死生物。人語を解す上級アンデッドで、伊坂という人間に化身する。羽手裏剣と剣が武器。

ジャガーアンデッド
（声の出演／大村亨）
ジャガーの祖たる不死生物。驚異的な走力と跳躍力で敵を追跡。

スパイダーアンデッド
（声の出演／塩野勝美）
蜘蛛の祖たる不死生物。口から強粘性の糸を吐き、獲物を捕獲。

シェルアンデッド
（声の出演／福山弘孝）
巻き貝の祖たる不死生物。右腕にある槍状の殻で敵の体を貫く。

ライオンアンデッド
（声の出演／大村亨）
ライオンの祖たる不死生物。剛強な筋肉を持ち、超怪力を発揮。

ドラゴンフライアンデッド
（声の出演／福山弘孝）
蜻蛉の祖たる不死生物。空中を飛び、両刃のダガーで攻撃する。

ボアアンデッド
（声の出演／福山弘孝）
猪の祖たる不死生物。敵に突進し、体に生えた棘や牙を突き刺す。

再解放アンデッド
（声の出演／塩野勝美ほか）
レンゲル（桐生）によって、ラウズカードから解放された不死生物。

カプリコーンアンデッド
矢沢（出演／是近敦之）
山羊の祖たる不死生物。上級アンデッドであり、矢沢という青年に化身する。三日月状のブーメランが武器。

オーキッドアンデッド
吉永みゆき（出演／肘井美佳）
蘭の祖たる不死生物で、吉永みゆきに化身する上級アンデッド。右腕の蔦で搦め捕った物体を自在に操る。

再解放アンデッド
ラウズカードから解放されたセンチピード。カリスと対決する。

イーグルアンデッド
高原（出演／林泰文）
鷲の祖たる不死生物で、高原に化身する上級アンデッド。上空から羽手裏剣や両腕の鉤爪で攻撃してくる。

モールアンデッド
（声の出演／塩野勝美）
土竜の祖たる不死生物。ギア型ドリルを使用し、地中を高速移動。

エレファントアンデッド
大地（出演／脇崎智史）
象の祖たる不死生物で、大地に化身する上級アンデッド。ノーズストライカーで凄まじい旋風を巻き起こす。

ウルフアンデッド

ワーウルフ

（出演／加美正治）
新名
狼の祖たる不死生物で、新名に化身する上級アンデッド。専用マシンに乗る。

ウルフに殺された人間がヴィールスの力で怪物化。

タランチュラアンデッド

嶋昇
（声の出演／塩野勝美）
タランチュラの祖たる不死生物で、嶋昇に化身。人間的な優しい心を持つ。

バッファローアンデッド
（声の出演／和田圭市）
角牛の祖たる不死生物。強い突進力を発揮。

ペッカーアンデッド
（声の出演／塩野勝美）
啄木鳥の祖たる不死生物。鋭い嘴が武器。

サーペントアンデッド

あずみ
（出演／福澄美緒）
海蛇の祖たる不死生物で、あずみに化身する。口から放つ衝撃波で敵を粉砕。

トータスアンデッド
（声の出演／塩野勝美）
亀の祖たる不死生物。怪力で鉄球を振り回す。

スカラベアンデッド
（声の出演／塩野勝美）
黄金虫の祖たる不死生物。時間を自在に止める。

トライアルD
（声の出演／塩野勝美）
栞の父、広瀬博士が製作した改造実験体第1号。

ヒューマンアンデッド
（出演／森本亮治）
人間の祖たる不死生物。ジョーカーに封印された。

リザードアンデッド
（声の出演／九十九一）
蜥蜴の祖たる不死生物。右腕の剣で攻撃。

スキッドアンデッド
（声の出演／塩野勝美）
烏賊の祖たる不死生物。触手で敵を捕らえる。

ビートルアンデッド
（声の出演／塩野勝美）
ヘラクレスオオカブトムシの不死生物。

ギラファアンデッド
（声の出演／塩野勝美）
ギラファノコギリクワガタの不死生物。

再解放アンデッド
（声の出演／塩野勝美）
ラウズカードから蘇った不死生物の集団。

アルビローチ
（声の出演／塩野勝美）
アルビノジョーカーが作り出した戦闘集団。

14（フォーティーン）
バトルロワイヤルの勝利者に与えられる、力の象徴。

コーカサスビートルアンデッド

キング
（出演／上條誠）
"カテゴリーK"と呼ばれる上級怪人。コーカサスオオカブトムシの不死生物。

トライアルE
（声の出演／天野浩成）
アンデッドの細胞と橘のデータで作られた。

マンティスアンデッド
（声の出演／森本亮治）
蟷螂の祖たる不死生物。高圧電流を放射。

ジェリーフィッシュアンデッド
（声の出演／塩野勝美）
海月の祖たる不死生物。高圧電流を放射。

トライアルF
（声の出演／塩野勝美）
右腕のカッターと、左腕のフィンで攻撃。

タイガーアンデッド

城光
（出演／浜丘麻矢）
虎の祖たる不死生物で、城光に化身する上級アンデッド。誇り高き女性戦士。

トライアルB

広瀬義人
（出演／石田純一）
本物の広瀬自身のデータとアンデッドの細胞から作られた。強力雷撃を放つ。

トライアルG
（声の出演／北条隆博）
アンデッドの細胞と睦月のデータで製作。

ギラファアンデッド
（出演／）
金居
金居という青年に化身する上級アンデッド。2本の巨大な鋏で敵を切り裂く。

ティターン
スコーピオンとカメレオンの合成アンデッド。

再解放アンデッド
（声の出演／塩野勝美ほか）
スパイダーとタランチュラが解放され、対決。

ケルベロス
（声の出演／綾田俊樹ほか）
全てのアンデッドの細胞を融合し、作られた。

ケルベロスII
（声の出演／塩野勝美）

天王路博史
（出演／森次晃嗣）
ケルベロスに天王路博史が融合して誕生した、究極の合成アンデッド。

ダークローチ
（声の出演／塩野勝美ほか）
ジョーカーが勝利した時に誕生する怪人。

製作スタッフ
原作/石ノ森章太郎　スーパーバイザー/小野寺章(石森プロ)　プロデュース/梶淳(テレビ朝日)・髙寺成紀[第1話～第29話]・白倉伸一郎[第30話～第48話]・土田真通(東映)
プロデュース補/大森敬仁(東映)　脚本/きだつよし・大石真司・井上敏樹・米村正二
監督/石田秀範・諸田敏・坂本太郎・金田治・髙丸雅隆・田村直己(テレビ朝日)・鈴村展弘　アクション監督/宮崎剛(ジャパン・アクション・エンタープライズ)　文芸協力/片岡力・菅誠司[第1話～第29話]ほか　音楽プロデューサー/長澤隆之(avex mode)　音楽/佐橋俊彦　撮影/いのくままさお・倉田幸治　VE/江島公昭・樫山典寿ほか　FC/宮本亘・織田猛ほか　CA/宮沢ななえ　照明/明田光男・五十嵐武志ほか　録音/大井徹・宇井みゆきほか　視覚効果/沖満・長部恭平ほか　絵コンテ/なかの★陽　美術/大嶋修一　装飾/鈴木堅忍(大晃商会)　小道具/増田佐太郎・秋葉孝　装置/大野茂　メイク/今仲俊介・奥村弘子(サンメイク)ほか　衣裳/山本恵・村岡未央(東京衣裳)ほか　操演/髙木友春(ライズ)　助監督/柴﨑貴行・山本滋春ほか　OP・ED監督/小藤浩一・鈴村展弘　記録/森みどり・坂本希代子ほか　進行主任/東正信・藤井達夫ほか　制作進行/滝沢栄・嶋田聡史ほか　カースタント/西村信宏(タケシレーシング)　編集/長田直樹　EED/緩鹿秀隆(TOVIC)　MA/曽我薫(東映東京撮影所)　選曲/谷山謙二(映広)　音響効果/大野義彦(大泉音映)　キャラクターデザイン/早瀬マサト(石森プロ)・野中剛(PLEX)ほか　クリーチャーデザイン/青木哲也・藤沢チヒロ　題字/康唯子　資料担当/飯田浩司(石森プロ)　造型/前澤範・蟻川昌宏(レインボー造型企画)ほか　衣裳造型・特殊衣裳造型/竹田団吾(劇団新感線)
制作デスク/青柳夕子　制作担当/富田幸広　制作/テレビ朝日・東映・ADK

仮面ライダー響鬼

古来より魔化魍から
人々を守りし、
正義の鬼！

2005年(平成17年)1月30日～
2006年(平成18年)1月22日放映

←基本的には魔化魍を狩るハンターであり、常に臨戦態勢を崩さない。

変身音叉 音角から鳴り響く特殊な音波によって仮面ライダー響鬼の姿に変わる。

↑機械の扱いは苦手だが、優れた運動神経を駆使し、凱火に乗るようになる。

↑次代を受け継ぐ若者に自身の経験を伝える必要性を感じ、少年たちを教え導こうと考えている。

戦国時代の ヒビキ

戦国時代に生きた青年。弟子を事故で失い、世捨て人のような生活を送っていたが、魔化魍から村人を救うために再び響鬼となった。

（出演／細川茂樹）

ヒビキ

魔化魍の脅威に立ち向かう、歴戦の勇者！

敵との戦いに注意を払いつつも、人を和ませることを忘れない"大人"！

魔化魍の脅威から人々を守る鬼＝響鬼に変身する能力を有した31歳の男性で、既に15年近く戦い続けている歴戦の勇者。人当たりの良い気さくな性格の持ち主だが、敵との対決の際は凄まじい力を発揮する。

↑出動がない時は山寺などに籠り、大太鼓を叩く特訓で音撃の技を磨く。

↓魔化魍の火炎攻撃を素早く走破し、得意の接近戦に持ち込んでいく。

仮面ライダー響鬼

ヒビキが特殊音波によって変身する、戦闘形態！

↑口から体内にある炎の気を放出する技・鬼火で、敵の体を焼き尽くす。

↑大自然に漲るパワーを体内に取り込むことで、無限の戦闘力を発揮する。

音角

響鬼専用の変身音叉。特殊音波を出すことができる。

↑音角の力でディスクアニマルを起動し、魔化魍の行動を偵察させて情報を収集する。

↑約75mの飛跳力を生かし、上空から敵を急襲する。また、100mを約3秒で走破できる。

"清めの音"で魔化魍を粉砕する、音撃打の戦士！

　ヒビキが特殊な音波の波動をきっかけにして、自らの肉体を変化させた戦闘形態。専用武器・音撃棒・烈火と音撃鼓・火炎鼓を使用して放つ"清めの音"や、鬼棒術、鬼幻術、ディスクアニマルを駆使し、人知を超えた怪物・魔化魍を次々と粉砕していく。

↑夏に出現する等身大魔化魍には、響鬼紅での攻撃が最も有効らしい。

↑最強の音撃打・灼熱真紅の型で等身大魔化魍の集団を次々と倒していく。

響鬼紅

響鬼が山中での鍛錬で体内に持つ炎の気を最大限に高め、変身した形態。身体能力の向上と同時に炎を伴う音撃打を使用できるようになったが、全身の筋肉を極限まで酷使するため、約1時間しか姿を維持できない。

↑自身の声を装甲声刃(アームドセイバー)で音撃波に変化させ、敵に放つ技を繰り出す。

装甲響鬼(アームドヒビキ)

鬼たちのサポート組織"猛士"の科学者が製作した音撃増幅剣装甲声刃から放たれる波動によって響鬼が武装強化した姿で、全身にディスクアニマルが装着されている。鬼たちの中で最強の戦闘力を誇る形態である。

ディスクアニマル

鬼たちの活躍をサポートするために開発された、メカの音式神。起動するとディスク状から動物の形態に変化し、行動開始。

瑠璃狼(ルリオオカミ)
どんな荒れ地や草むらも時速99kmで走破。口の牙が武器。

緑大猿(リョクオオザル)
録画機能を持ったディスクアニマルで、知能がやや高い。

黄蘗蟹(キハダガニ)
水中行動、水中録音が可能なタイプ。海や川での活躍が多い。

鈍色蛇(ニビイロヘビ)
長いボディを利用し、敵の体を締め上げることもできる。

茜鷹(アカネタカ)
飛行能力を有し、翼の鋭いカッターで魔化魍の体を切り裂く。

黄赤獅子(キアカシシ)
瑠璃狼の後継機で、走行速度や稼働時間などが強化された。

浅葱鷲(アサギワシ)
高い知能を持ち、集団でフォーメーションを組んで敵を攻撃。

青磁蛙(セイジガエル)
ジャンプ力に優れたタイプで、陸上は勿論、水中でも活動可能。

黄金狼(コガネオオカミ)
瑠璃狼の性能をバージョンアップした新型ディスクアニマル。

責任感が強い若者であるが、
天然な一面も見せる！

イブキ
（出演／渋江譲二）

猛士の中核を担う、和泉宗家の三男！

鬼の総本部がある吉野の里で代々 "猛士" の中心となっていた一門の三男坊で、幼い頃より修行をつみ、10代の頃から鬼として活躍してきた。自身の使命に強い責任を感じているが、普段は明るく気さくな青年。

↑音笛を吹いてから額にかざし、威吹鬼に変身。

↑猛士の一員、立花香須実を姉のように慕いながら愛を感じている。

↑専用マシン "竜巻" を用いて魔化魍の行動を調査する。本人もオートバイ好きのようだ。

戦国時代の イブキ
鬼の中でも一番の出世頭であり、戦で手柄を立てて大名にまでなった。しかし、殿様の暮らしに飽き飽きし、魔化魍退治に参加する。

↑天美あきらという少女を弟子にしていたが、彼女を鬼として教え導くことは叶わなかった。

仮面ライダー威吹鬼

遠距離攻撃を得意とする音撃射の戦士！

↑接近戦は得意ではないが、敵に怯まず、全力で挑みかかる。

↑変身時に発生した電巻を手刀で素早く切り裂き、戦闘を開始。

↑威吹鬼は約80mの飛躍力と100mを約2.5秒で走破する力を持つ。

↑"清めの儀式"に備え、音撃棒を使用して魔化魍と対決した。

音笛
仮面ライダー威吹鬼になる際に用いる、変身鬼笛。

宗家の鬼として重要な任務を担当！

　イブキが音笛を用いて鬼へと変身した姿で、音撃管・烈風による遠距離攻撃を得意としている。魔化魍の大量出現現象・オロチを食い止める"清めの儀式"の際には、宗家の鬼として大役を任せられることもある。

戦国時代の
トドロキ

尊敬するヒビキに頼まれ、魔化
魍退治に加わった真面目な青年。
バケガニとの対決が多いようだ。

（出演／川口真五）

トドロキ

2年間の修行を経て
免許皆伝を果たした、元警察官！

↑好意を抱く女性の誕生日に、プ
レゼントとして魚を贈ってしまう。

↑敵の邪気を払う時や、感動した
際には音撃弦・烈雷をかき鳴らす。

↑左腕に装着した音錠を鳴り響
かせ、仮面ライダー轟鬼に変身。

↑命を削ってまで自分を導いてくれ
た師匠とは、悲しい別れに。

一直線な性格故に
誤解を招くタイプ！

関東で活躍する鬼の一人、ザンキの弟子と
して2年間の修行を経て、免許皆伝を果たし
た青年。元々は警察官だったが、数年前にと
ある事件を通じて鬼と魔化魍の存在を知り、
人助けのために自ら鬼になることを志願した。
正義感が強く真面目な熱血漢だが、それ故に
周囲からいじられやすく、一生懸命が過ぎて
誤解を受けてしまうこともある。本名は戸田
山登己蔵で年齢は26歳。

仮面ライダー轟鬼

師匠より受け継いだ音撃斬で敵に挑む!

↑鬼の免許皆伝前は師匠の斬鬼とともに行動し、魔化魍と対決していた。

↑響鬼から教えを受けた音撃打を駆使し、等身大魔化魍に挑む。

↑装備帯にある音撃震・雷轟を烈雷にセットして音撃モードにし、敵に強烈な音撃を浴びせる。

↑烈雷を剣撃モードに変化させ、敵を次々と切り裂く戦法も得意。

↑音撃斬戦士の自分が音撃打の訓練をすることに疑問を抱いた。

音錠

3本の弦を弾くと特殊音波が発生し、轟鬼に変身。

戦闘経験不足を度胸と努力で補う!

師匠の斬鬼から受け継いだ希代の名音撃武器、音撃弦・烈雷を武器とする音撃斬の戦士で、必殺技は音撃斬・雷電激震。新人ゆえにその戦法は粗削りで戦闘経験も不足ぎみだが、ここ一番の頑張りやガッツは関東の鬼たちの中でも随一である。

関東で活躍する鬼たち

"猛士"の関東支部に所属する戦士！

仮面ライダー斬鬼

音撃弦・烈雷を使って多数の魔化魍を粉砕してきた猛者で、その戦闘力は響鬼以上であったが足の古傷を患い、一度は鬼を引退した。しかし、オロチ現象による魔化魍の大量発生を受け、再び戦線に復帰する。

↑烈雷を轟鬼に譲ったため、復帰後は音撃真弦・烈斬を使用。

↑バケガニとの対決で鬼としての限界を感じ、引退を決意した。

→敵を冷静に分析し、最も有効な戦法を編み出していく。

↑音撃斬・雷電激震や雷電斬震、鬼闘術・雷撃拳などの技を持つ。

ザンキ
（出演／松田賢二）

ヒビキと同世代の鬼で戸田山の師匠。引退時は轟鬼のサポーターとして活動していた。

関東を11人の鬼でフォロー！

関東では11人の鬼が活躍しており、"猛士"の関東支部が彼らのスケジュールを管理し、出現した魔化魍の特性に応じて有効な戦闘力を有した"適材"といえる戦士を投入する。しかし、響鬼はそのスケジュールから外され、特別遊撃班として仲間を助ける立場となった。

仮面ライダー弾鬼

音撃棒・那智黒と音撃鼓・御影盤を使用する音撃打の戦士。驚異的な飛跳力とスピードを誇り、空中殺法で敵を追い詰めていく。必殺技は音撃打・破砕細石。

仮面ライダー鋭鬼

鬼の中では小柄な戦士だが、素早い身のこなしと勇敢な戦いぶりが特徴といえる戦士。音撃棒・緑勝と音撃鼓・白緑が専用武器である。

仮面ライダー裁鬼（さばき）

響鬼よりも年上の鬼で、音撃弦・閻魔と音撃震・極楽を使用する音撃斬の戦士。斬鬼が怪我で戦列を離れた際、その抜けた分をフォローしていたが、連戦が祟って過労となり、敵に敗れてしまった。

↑小菅地方ではヤマビコの餌にされそうになった男性を救出し、怪童子、妖姫と対決。

ダンキ（演／伊藤陽佑）

弾鬼に変身する、大雑把な性格の青年。悪意はないのだが短気で怒りっぽい面もある。

仮面ライダー勝鬼

ショウキ（出演／押川善文）

子供のまま大人になったような明るい性格で、ややお調子者な青年。

音撃管・台風と音撃鳴・風束を使う音撃射の戦士。接近戦にも秀でており、かぎ爪・風牙の一撃で敵を切り裂いてしまう。

仮面ライダー蛮鬼

音撃斬の戦士で、音撃弦・刀弦響と音撃震・地獄を使用する。

仮面ライダー闘鬼

音撃管・嵐と音撃鳴・つむじを使う、大食漢の音撃射の戦士。

仮面ライダー剛鬼

音撃打の戦士で、音撃棒・剛力と音撃鼓・金剛を使用する。

響鬼は、オオアリの怪童子、妖姫に対し、新たな鬼棒術・烈火弾を炸裂させる。

↑音撃棒の素材を求めて屋久島に向かった轟鬼は、ツチグモの怪童子らと激突。

↑空中から攻撃してくるイッタンモメンの妖姫に、威吹鬼が射撃で対抗する。

↑武者童子が突然変異を起こし、凶暴な乱れ童子となって響鬼に襲いかかる。

代々継承されてきた、音撃の驚異的な力！

　超人的な能力を代々受け継ぎながら平和を守り続けてきた鬼と、人類を捕食する天敵である魔化魍との戦いは、開始から数百年を経た現代でも続いていた。響鬼を中心とした11人の鬼たちは、音撃の力を駆使し、終わることのない対決を今日も繰り広げていく……。

響く鬼！

数百年にわたり、魔化魍との戦いに挑み続ける者たち！

↑バケガニの怪童子、妖姫と対決中、斬鬼は免許皆伝前の轟鬼に戦法を伝授していった。

↑オオナマズの胃袋に、威吹鬼は専用武器の烈風がない状態で挑んだ。

→夏の等身大魔化魍に対抗するため、響鬼は強化変身を決意する。

←響鬼紅が持つ炎の気を伴った音撃で、夏の魔化魍が粉砕されていく。

↑轟鬼は、ヨロイツチグモの怪童子に苦戦したが、威吹鬼の協力でなんとか危機を逃れる。

↓新たな強敵、スーパー童子、スーパー姫の出現で、響鬼たちも苦戦を強いられる。

↑魔化魍に魂を売った鬼・歌舞鬼と響鬼の激闘が、戦国時代の日本で展開される。

↑装甲声刃で響鬼が最強形態・装甲響鬼に変身。恐るべき力を秘めた魔化魍に立ち向かう。

→吉野の鬼武神社から盗まれた鬼の鎧を纏った戦士と対決。その正体は意外な人物だった。

↑装甲声刃の波動を跳ね返す魔化魍が出現。響鬼は音撃棒で敵のバリア発生器を破壊する。

↑"オロチ"現象によって大量発生した魔化魍との戦いで、斬鬼が命を落としてしまった。

↓響鬼は多数の魔化魍と戦いながら、威吹鬼に代わって"オロチ"を鎮める儀式を行う。

↑"オロチ"が鎮められた1年後、響鬼の弟子である京介が鬼に変身して魔化魍と対決。

コンピューターコントロール
デジタル3Dマップを搭載!

響鬼が使用するモンスターマシン。コンピューターコントロールデジタル3Dマップによって回転速度が制御される1832ccの大型エンジンを搭載し、最高時速240kmで走行する。

↑攻撃兵器などはなく、高速走行機能のみが強化されている。

↑特別遊撃班としての単独攻撃を想定し、"猛士"本部がヒビキに支給した。

↑後に多数のディスクアニマルが入るサイドバッグを追加装備。

凱火

"猛士"本部が響鬼に支給した、紺碧のモンスターマシン!

↑凱火の登場により、響鬼が事件現場に到着する時間が短縮された。

↑地域のパトロールや魔化魍の追跡に使われることが多い。

不知火

↓現場への移動や野営設備運搬の役割を担う。主に立花香須実が運転を担当。

ヒビキが凱火の支給以前に搭乗していた専用車両で〝猛士〟本部が市販車両を大幅にチューンナップした。車体カラーは赤。

元はザンキが使用していたが、彼の引退後にトドロキが引き継いだ専用車両。不知火の同型車で、緑の車体が特徴。

↑トドロキの音撃弦・烈雷やディスクアニマル、野営装備などが積まれている。

雷神

竜巻

威吹鬼が乗用する専用マシン！

イブキ自身がチューンナップした！

バイク好きのイブキが自身で各所をチューンナップした自慢の専用マシンで、弟子のあきらを乗せて現場に向かう。

↑響鬼が運転を担当し、後部に乗った威吹鬼が敵を射撃したこともある。

↑最高時速は210km。後部に音撃管・烈風やディスクアニマルを搭載。

正式な鬼ではない者

現在、鬼の免許を所持していない戦士！

仮面ライダー朱鬼

シュキがトドロキの変身鬼弦・音錠を奪い、戦闘形態へと変わった姿。竪琴を思わせる音撃弦・鬼太樂を奏でることで必殺技、音撃奏・震天動地を繰り出し、巨大な魔化魍をも粉砕する。

シュキ

（出演／片岡礼子）

ザンキの師匠だった女性。両親を殺した魔化魍・ノツゴを倒すことに執念を燃やす。

鬼の鎧

吉野の鬼武神社に保管されていた古い武具。変身能力を失ったシュキが盗み、装着。

桐矢京介

（出演／中村優一）

消防士であった亡き父を超えるため、ヒビキに弟子入りし、鬼の修行を積む少年。

↑練習用の音撃棒と音撃鼓を使用して魔化魍・サトリに挑むが、敗れてしまった。

京介変身体

ヒビキの弟子、桐矢京介が１年間の修行を経て鬼に変身した姿。まだ免許皆伝していないため、コードネームや専用の音撃武器は持っていない。

主要登場人物

安達明日夢（出演／栩原楽人）

ヒビキに憧れる少年で、助言を受けながら成長していく。

天美あきら（出演／秋山奈々）

イブキの弟子として２年間にわたり修行を積んでいた。

立花勢地郎（出演／下條アトム）

〝猛士〟の事務局長で、甘味処「たちばな」を経営。

滝澤みどり（出演／梅宮万紗子）

〝猛士〟の音撃武器開発や修理の担当者。ヒビキの友人。

立花香須実（出演／蒲生麻由）

立花家の長女で〝猛士〟の一員。ヒビキをサポートする。

安達郁子（出演／水木 薫）

明日夢の母親。タクシー運転手をしながら息子を育てる。

立花日菜佳（出演／神戸みゆき）

〝猛士〟の一員。魔化魍のデータの収集・分析を担当。

津村 努（出演／渋谷謙人）

以前はヒビキの弟子だったが、今はフリーターの青年。

持田ひとみ（出演／森 絵梨佳）

明日夢のガールフレンドで、小学校から高校までの同級生。

小暮耕之助（出演／布施 明）

〝猛士〟の開発局長として多くの武器を開発してきた人物。

戦国時代の鬼たち

カブキ

【出演／松尾敏伸】

鬼であることを人々に見下されて魔化魍になったが、元元は心優しい青年である。

歌舞鬼が使用するカラクリ動物

消炭鴉（ケシズミカラス）
カラスの魂を用いた、等身大にまで変形できる音式神。

仮面ライダー歌舞鬼
響鬼と互角の戦闘力を有する優れた鬼だが、魔化魍の仲間になり、村人を襲った。音撃棒・烈翠と鳴刀・音又剣で響鬼と死闘を展開する。

トウキ

【出演／松田賢二】

蝦夷の札幌出身の鬼で、仏に近づくために寺の住職となり、日々修行に励んでいる。

仮面ライダー凍鬼
怪力を誇り、ほかの鬼では扱えない大型の音撃金棒・烈凍を振り回す。額から冷気を放射する。

戦国時代の響鬼が使用するカラクリ動物

岩紅獅子（イワベニシシ）
響鬼を背に乗せ、魔化魍に立ち向かう音式神。岩をも砕く牙を持つ。

白練大猿（シロネリオオザル）
巨大化が可能な音式神。怪力を生かし、巨大魔化魍に攻撃を仕掛ける。

キラメキ

【出演／山中聡】

人は良いがお調子者でのんびり屋の好青年。出身地の名護屋から凧に乗ってきた。

仮面ライダー煌鬼
両肩に装備している音撃震張・烈盤を魔化魍めがけて投げ、切り裂く。水中での戦闘も得意。

ニシキ

【出演／北原雅樹】

大坂出身の大泥棒。鬼の力を使って盗みは働くが、人を守るためには命をも懸ける。

仮面ライダー西鬼
野生の鬼闘術が持ち味で、虎のように力強く俊敏。愛用武器は音撃三角（トライアングル）・烈節。

ハバタキ

【出演／湯江健幸】

博多出身の鬼。家族のために農民として生きてきたが、再び魔化魍との戦いに挑んだ。

仮面ライダー羽撃鬼
鷹の能力を持ち、鬼術術で空中を自在に飛行する。音撃吹道・烈空を使って清めの音を放つ。

人々に忌み嫌われながらも魔化魍と対決する戦鬼！

魔化魍

自然界の不思議な力で誕生した悪しき存在で、昔から日本各地に出現しており、土地の気象条件が揃うと動植物を捕食しながら巨大化して人々に災いをもたらす。各魔化魍には、その成長や活動をサポートする専任の怪童子や妖姫がいる。

※童子・スーパー童子・洋館の男・謎の男・白い謎の男（出演／村田充）童子・怪童子（声の出演／芦名星）

※姫・スーパー姫・洋館の女・謎の女（出演／芦名星）姫・妖姫（声の出演／村田充）

怪童子 / 妖姫

屋久島のツチグモ
平安時代、奈良の葛城山に棲んでいたと言われる大蜘蛛の魔化魍。口から粘着性の糸を吐き、巨大な巣を張る。

怪童子 / 妖姫

〈声の出演／塩野勝美〉

奥多摩のヤマビコ
人の声が好物の魔化魍で、木霊を返すことで餌となる人間を呼び寄せて捕食。動植物を腐敗させる毒気を出す。

妖姫

房総のバケガニ
たくましい骨を持つ人間を狙い、強力な溶解泡で肉を溶かして骨を食らう。巨大な鋏と毒気を秘めた泡で攻撃する。

怪童子 / 妖姫

奥久慈のイッタンモメン
鞭のように長い尻尾で人間の体を締め上げ、その体液を絞りとって啜る魔化魍。空中をマッハ3の速度で飛行。

怪童子 / 妖姫

藤岡のオオアリ
巣の周囲に落とし穴を作り、そこにはまった人間を餌にして成長する。鋭利な大あごと口から吐く蟻酸が戦力。

怪童子 / 妖姫

秩父のオトロシ
100年に1度の割合でしか出現しない魔化魍で、幼体時は岩に擬態している。人間の体を押しつぶして食べる。

怪童子

ヌリカベの武者童子
ヌリカベの怪童子が強化変身した姿。唾液から貝殻状の鋭い剣を生み出す。

妖姫

ヌリカベの鎧姫
謎の男から与えられた塊の力でヌリカベの妖姫が変身。響鬼の攻撃を跳ね返す。

下野のヌリカベ
全身を巨大な粉砕ローラーのように使い、敵を押しつぶす。獲物を消化する際や防御の時には体を閉じて身を守る。周囲の木に擬態し、催眠性の花粉を放出。

謎の男
奇妙な杖を使って怪童子や妖姫を生みだし、不思議な塊を飲ませて武者童子や鎧姫にした。

怪童子

ウブメの武者童子
ウブメの怪童子の強化変身体。全身が強固な皮膚で覆われ、高い防御力を誇る。

ウブメの乱れ童子
塊を呑んだ武者童子の体が拒否反応を起こし、突然変貌した姿。魔化魍を捕食し、体をさらに強化していくことが特徴。強い魔化魍を作る実験体だったらしい。

ウブメの妖姫
ウブメの姫の戦闘形態。童子とともに威風鬼に挑むが、天美あきらが放ったディスクアニマルに攪乱され、怯んだところを乱れ童子に襲われて捕食されてしまう。

鎌西湖のウブメ（幼体）
毛呂山地方の鎌西湖で育てられていたが、幼体時に乱れ童子に食べられてしまう。

怪童子 / 妖姫

小菅のヤマビコ
ヤマビコの妖姫を食らいつく乱れ童子を、巨大な手で押しつぶそうとしたが、目に反撃を受けて倒れる。

大月のオトロシの怪童子
オトロシの童子の戦闘形態で、乱れ童子に襲いかかる。左写真にある鋭い角を使ったタックル攻撃が得意。

大月のオトロシの妖姫
怪童子と協力し、乱れ童子と対決。左写真にある鋭い角を使ったタックル攻撃が得意。響鬼の烈火弾で倒された。

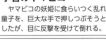

怪童子 / 妖姫

日光のバケガニ
気温6.6℃前後、湿度52％ほどの環境で成長する魔化魍で、日光の川に出現した。巨大な鋏で敵を切り裂く。

怪童子 / 妖姫

足尾のヤマアラシ
獰猛で好戦的な性質の魔化魍。両肩に生えている数万本の針を飛ばし、人間の体を貫いてから捕食する。

怪童子 / 妖姫

東雲のオオナマズ
大量に人間を食らう魔化魍で、人口密集地域に出現することが多い。局地的な地震を発生させる。

東雲のオオナマズの胃袋
オオナマズの触角から放たれ、獲物や敵を襲う。

鎌倉のバケガニ / 箱根のバケガニ / 三浦半島のバケガニ
アミキリという魔化魍の出現の前兆として各地に出現したが、全て轟鬼に撃破される。

怪童子
妖姫

大洗のバケガニ
海で育ったタイプのバケガニで、アミキリが誕生する過程で作られた。怪童子、妖姫とともに轟鬼と対決する。

怪童子
妖姫

大洗のアミキリ

古くから発生条件が謎とされてきた魔化魍だが、バケガニの変異体であることが判明。飛行能力を有している。

怪童子
妖姫

浅間山のウブメ

平均気温15℃前後、平均湿度65％ほどの環境で出現する魔化魍で、人間の子供を好んで食べる。鋭い牙が武器。

怪童子
妖姫

浅間山のヤマアラシ
浅間山に出現した魔化魍で、ウブメと対決し、絶命した。両肩に生えた鋭い針を発射。

浅間山のナナシ

ウブメとヤマアラシの死体をベースに謎の男が誕生させた、凶暴・強力な合体魔化魍。

怪童子
妖姫

旭村のドロタボウ 親
夏にしか出現しない魔化魍で、鬼と同等の戦力を有した強敵。

旭村のドロタボウ 子
ドロタボウの親の背中にあるこぶから生み出された、怪物集団。

白い謎の男
不思議な杖や試験管に入った謎の液体を使い、怪童子や妖姫を作り出す怪人物。

高萩のイッタンモメン
高萩に出現した魔化魍で、威吹鬼の竜巻からの射撃で粉砕された。空中や水中を素早く移動し、敵に襲いかかる。

秩父のカッパ 親
〈声の出演・塩野勝美〉

空気と反応すると凝固する液体を口から吐き、人間の自由を奪う。

秩父のカッパ 子
〈声の出演・塩野勝美〉
親の首の部分から分裂した魔化魍。ネズミ算式に増殖していく。

怪童子
妖姫

葛野のバケガニ
川で育ったタイプの魔化魍。背中から泡を放出する能力はないが、強化された鋏で敵と激闘を繰り広げる。

猿橋のバケネコ 親
〈声の出演・塩野勝美〉

人間や動物の血液、脂を好み、鋭い牙で獲物に食らいつく。

猿橋のバケネコ 子

親の尻尾から誕生する魔化魍。空中から敵に跳びかかる。

下久保のテング

高い知能と怪力を有した等身大の魔化魍で、夏に出現する。

怪童子

妖姫

楢ノ木のヨロイツチグモ

全身が強固なヨロイで覆われたツチグモの強化体で、人間の肉を無差別に食べる。幼体から成長。

洋館の男女

童子と姫と同じ姿形の怪人物。怪しい洋館で実験を行う。

スーパー童子 スーパー姫
洋館の男女が怪実験で誕生させた新タイプの童子と姫。

火焔大将
〈声の出演・神谷延年〉

血狂魔党に属する魔化魍。斧や豪炎魔剣を振るう。

はぐれ魔化魍ヒトツミ
〈声の出演・塩野勝美〉

戦国時代の強力魔化魍で、血狂魔党の用心棒的存在。

四谷のカシャ

全身に書かれた梵字の霊力で姿を消す。炎が戦力。

奥多摩のカマイタチ

圧倒的なパワーとスピードを身につけた巨大魔化魍。巨大な鎌であらゆる物体を切断する。

港区のウワン
【幼虫】【成虫】

幼虫から成虫に変態、さらに分裂して猛威をふるう。

長瀞のノツゴ

10年に1度ほどしか出現しない。巨大な鋏と尾が武器。

東筑波のヨブコ

従来のヨブコを強化。隔壁音波を放つ。

森のコダマ

コダマの森という不思議な空間を生み出す魔化魍。

魔化魍忍群

血狂魔党の雑兵で、紅狐と白狐がいる。集団戦が得意。

バケガニ

戦国時代の川に出現した巨大魔化魍。鋏が武器。

童子 姫
〈声の出演・犬井勇輝〉
陸海空を俊敏に駆け巡り、見境なく人を襲う。口から火球を発射。

オロチ

"オロチ"現象の前兆として各地で異常発生した魔化魍。巨大なタイプや夏の等身大タイプが大量に出現した。

魔化魍集団

東松山のサトリ

敵の考えを読む能力を持った魔化魍。鋭い剣が武器。

東松山のロクロクビ

洋館の番人として作られた魔化魍。敵の体を嚙み砕く。

謎の男女

洋館の男女の前に突如出現した、正体不明の怪人物。

仮面ライダーカブト

2006年(平成18年)1月29日～
2007年(平成19年)1月21日放映

光を支配せし、太陽の神！

製作スタッフ
原作／石ノ森章太郎　スーパーバイザー／小野寺章(石森プロ)　プロデュース／梶淳(テレビ朝日)・白倉伸一郎・武部直美(東映)　プロデュース補／和佐野健一　脚本／米村正二・井上敏樹　監督／石田秀範・田村直己(テレビ朝日)・長石多可男・田崎竜太・鈴村展弘・柴崎貴行　特撮監督／佛田洋　アクション監督／宮崎剛(ジャパン・アクション・エンタープライズ)　音楽プロデュース／エイベックス・エンタテインメント　音楽／蓜島邦明　音楽ディレクター／大泉浩之　撮影／いのくままさお・倉田幸治　照明／斗内秀・内野泰宏ほか　録音／畑幸太郎・大井徹　VE／瀬尾幸夫・高橋尚一ほか　美術／大嶋修一　装飾／小宮孝司・権田光典(東京美工)ほか　小道具／権田光典・木村小百合(東京美工)　装置／大野茂(紀和美建)　メイク／今仲俊介・小林裕恵(サンメイク)ほか　衣装／山本恵・河口節子(東京衣裳)ほか　スタイリスト／志葉則行・竹本雄史(ディア・グランツ)　操演／高木友善(ライズ)　助監督／柴崎貴行・山口恭平ほか　スクリプター／森みどり・坂本希代子ほか　進行主任／東正信・藤井達夫ほか　制作進行／武中康裕・滝沢栄ほか　カースタント／西村信宏(タケシレーシング)　編集／長田直樹　EED／緩鹿秀隆(TOVIC)　MA／曽我薫(東映東京撮影所)ほか　選曲／金成謙二(ドン・カンパニー)　音響効果／大野義彦(大泉音映)　キャラクターデザイン／早瀬マサト(石森プロ)・野中剛(PLEX)ほか　デザインワークス／PLEX　クリーチャーデザイン／韮澤靖　資料担当／飯田浩司(石森プロ)　造型／前澤範・前澤護(レインボー造型企画)ほか　VFXスーパーバイザー／沖満　VFXアーティスト／長瀬隆平・鈴木孝治ほか　ZECTモニター／スタジオガラパゴス　ディレクション／小林信吾　基本デザイン／石田邦彦　アニメーション／阿部由美子・猪瀬希央ほか　タイトルバック／田崎竜太　妖精イラスト／廣橋充　妖精アニメ作画／袴田裕二　デジタル合成／足立亨・山本達也(特撮研究所)ほか　CGデザイナー／野口光一・猪原英司(東映アニメーション)ほか　視覚効果／日本映像クリエイティブ　絵コンテ／なかの★陽　制作担当／富田幸弘　制作デスク／荒井成介・岩永基一郎ほか　制作／テレビ朝日・東映・ADK

世界最高峰・エベレストの ような絶対的ヒーロー！

唯我独尊の姿勢を貫く青年で、自らを「天の道を往き、総てを司る男」と称しているが、実は人一倍情に厚く、困っている人を見過ごせない。昆虫コアのカブトゼクターに有資格者として選ばれ、仮面ライダーカブトに変身。

↑物事を独力で解決しようとする傾向が強く、時には周囲から誤解を受ける。

↑一流の食材を好み、万人に認められる料理を作る。

↓旧姓は日下部。両親の死後、母方の祖母に引き取られて天道姓を名乗る。

↓実の妹の日下部ひより、義理の妹の天道樹花のためには、命をも懸ける。

7年前の総司

（出演／ショーン・ウィリィ）

マスクドライダーシステムの開発者の息子。渋谷隕石事件で家族を失う。

↑サッカーやピアノなど、あらゆる分野で天才的な能力を発揮する。

天道総司

（出演／水嶋ヒロ）

天の道を往き 総てを司る青年！

マスクドフォーム

上半身を強固なアーマーで覆った、カブトの第1形態。防御力にすぐれ、主にカブトクナイガン アックスモードを使用して敵と戦う。

←ワームとの激闘は勿論のこと、ZECTが画策する陰謀にも立ち向かう。

↑支援武器・ゼクトマイザーから昆虫型爆弾・マイザーボマーを発射し、周囲のワームを粉砕する。

↑キャストオフ後、カブトホーンが回転して顔面にセットされる。

カブトゼクター

カブトの変身アイテムである、カブトムシ型の昆虫コア。

↑カブトクナイガンクナイモードを多用。

仮面ライダーカブト

マスクドライダーシステム第1号！

ライダーフォーム

マスクドフォームがアーマーをキャストオフし、登場するカブトの第2形態。クロックアップ機能を発動させて人間には知覚できない速度で移動し、ワームと対決する。

↑ライダーフォームの必殺技は、クロックアップ後に繰り出されるライダーキックである。

昆虫型コア・カブトゼクターに選ばれし者だけが変身！

秘密組織ZECTが、地球外生物ワームに対抗するために戦力投入したマスクドライダーシステムの第1号。有資格者に選ばれた天道総司がカブトゼクターをライダーベルトのセットアッププレールに装着し、変身。誕生経緯を知る者は"太陽の神"と呼ぶ。

ハイパーフォーム

　ＺＥＣＴが開発したハイパーゼクターを使い、カブトがハイパーキャストオフした形態。全身が、以前の２倍以上の強度を持つカブテクターへと変化している。

ハイパーゼクター
マスクドライダーシステム強化ツール。

↑対ワーム用の究極ツール・パーフェクトゼクターを専用武器にしている。

↑ハイパーゼクターを起動し、破壊力30tのハイパーライダーキックを打ち込む。

ハイパーフォーム
ハイパークロックアップ形態
　ハイパーフォームがハイパークロックアップを発動した際の姿。超高速活動のほか、時空間を自在に移動して過去や未来にも行ける。

↓料理対決で決着をつけようとするが、敗れてしまう。

↑別世界に登場した矢車は、パーフェクトミッションが信条。

←部下に美味しい豆腐を食べさせるため、天道と対立。

（出演／徳山秀典）

矢車 想

パーフェクトハーモニーを信条とする ＺＥＣＴ精鋭部隊隊長！

影山 瞬

（出演／内山眞人）

シャドウの隊員だったが、後にリーダーとなる。

加賀美 新

（出演／佐藤祐基）

矢車の後にザビーゼクターに選ばれた有資格者。

三島正人

（出演／弓削智久）

資格者ではなく、ザビーゼクターを捕らえて変身。

完全調和の意志を忘れ、ゼクターに見放された男！

　ＺＥＣＴの兵士であるゼクトルーパーの精鋭部隊・シャドウの初代隊長で、仮面ライダーザビーの有資格者。パーフェクトハーモニー（完全調和）を信条とする完全主義者で部下からの信頼も厚い人物だったが、カブト抹殺にこだわったあげくに部下を見殺しにしてしまったためにザビーゼクターに見放され、組織を追われる。

仮面ライダーザビー

シャドウ隊長専用の
マスクドライダーシステム！

ザビーゼクター

有資格者をザビーに変身させる昆虫コアである。

マスクドフォーム

強い怪力と防御力を誇る、ザビーの第1形態。専用武器を持っておらず、肉弾戦を主体としている。

↑100mを5.6秒で走る力を生かし、敵を追跡。

↑必殺技は、ゼクターニードルを敵に刺し、タキオン粒子を流し込むライダースティング。

↑39m上空から敵に飛びかかり、敵の弱点にパンチを決める。

↑装着した有資格者によって、その戦闘力は多少異なるようだ。

ライダーフォーム

マスクドフォームがアーマーをキャストオフした、ザビーの第2形態。ゼクターニードルを使用したパンチの一撃で、数体のワームを粉砕する。

秘密組織ZECTが
実戦投入した戦士！

ザビーゼクターに選ばれた有資格者が変身する戦士で、基本的にはシャドウの隊長専用のマスクドライダーシステム。ワームの殲滅と同時にZECTに従わない存在の抹殺が主な使命で、ザビーゼクターが変形した武器・ゼクターニードルを使用して敵を倒す。

風間大介

〔出演／加藤和樹〕

美しい女性を愛するメイクアップアーティスト！

↑〝風間流奥義・アルティメットメイクアップ〟という技を使う。

↑別世界の風間は、ネオゼクトというレジスタンスの組織に所属。

↑かなりのフェミニストで、女性を美しくすることに喜びを感じている。

→ワームにドレイクゼクターを奪われたが、ゴンの協力で取り戻した。

↑記憶喪失の少女、ゴンを助手にして気ままに暮らす。

←ウカワームが擬態していた女性、間宮麗奈を愛してしまい、苦悩する。

女性に肝心の一言が出せない！

仮面ライダードレイクの有資格者である青年で、本業はカリスマ的な人気を誇るメイクアップアーティスト。女性にはもてるタイプだが、大事な局面で肝心の一言が出ない気弱な面も併せ持つ。戦闘には消極的ではあるが、女性を殺して擬態するワームに対しては怒りを募らせる。

仮面ライダードレイク

ドレイクゼクター

トンボ型の昆虫コアで、ドレイクの変身アイテム。グリップと合体し、強力な銃になる。

マスクドフォーム

ドレイクの第1形態。ヤゴの能力を有し、水中での活動・戦闘を得意としている。防御力も高い。

ライダーフォーム

マスクドフォームからキャストオフした、ドレイクの第2形態。スピード性能に優れ、空中からの攻撃で敵を翻弄する。

↑高い射撃力を身につけた、ガンマンタイプの戦士。

↑ドレイクゼクター シューティングモードからタキオン粒子の光弾を撃つ。

↑クロックアップ状態での射撃戦法も得意である。

ZECTに所属せず、自身の意思で活動！

風間大介が変身するマスクライダーシステム第3号だが、ZECTには所属せず、自分の意思のままにワームと対決する。強力銃に変形したドレイクゼクターを使った遠距離攻撃を得意とし、必殺技・ライダーシューティングで敵を次々と撃破していく。

↑サソードゼクターを
サソードヤイバーにセ
ットし、変身する。

↑金銭感覚や生活能力
などの一般常識が欠落
している。

（出演／山本裕典）

神代 剣

没落した名門貴族の
おぼっちゃま！

↑スポーツや学習など、あらゆる
面において天才的な能力を発揮。

↑生活のため、様々なアルバイト
に挑戦するが、失敗続きであった。

↑最後は、理解者であるじいやに
看取られ、人間として死んでいく。

自身が人間だと信じる
ワームが擬態した青年！

　仮面ライダーサソードの有資格者で、イギリ
スの名門貴族・ディスカビル家の末裔。しかし、
現在は没落したため、ワームを倒すたびに報酬
を受け取るという契約をZECTとかわしてい
る。その正体は剣を殺害して擬態したスコルピ
オワームだが、本人は事実を知らなかった。

仮面ライダーサソード

ZECTと契約し、ワームと対決する！

↑ショルダータックルで敵の体を切り裂く。

↑天道にライバル心を燃やし、対立する。

↑突然、ワームの本能が目覚めて苦しむ。

フォームを問わず高速活動が可能！

ＺＥＣＴが開発したマスクドライダーシステム第4号で、神代 剣が変身。フォームを問わず、クロックアップしていない状態でも高速活動する敵を視認できるという能力を持ち、専用武器・サソードヤイバーで一瞬のうちに切り倒す。

サソードゼクター

サソリ型の昆虫コア。地上を時速800kmで疾走し、剣のもとにくる。

ライダーフォーム

マスクドフォームからキャストオフした、サソードの第2形態。サソードヤイバーにタキオン粒子とポイズンブラッドを混合した光子を漲らせ、必殺技・ライダースラッシュを炸裂させる。

マスクドフォーム

サソードの第1形態で防御力が高い。上半身に張り巡らされたパイプを触手のように伸ばし、敵を捕らえる。

スコルピオワーム

神代 剣の人格や記憶を受け継いではいるが、ワームの姿に戻った時は、本能的に人間を襲ってしまう。

加賀美 新

熱いハートを隠そうともしない、一本気な若者!

（出演／佐藤祐基）

↑ガタックの能力を得た後は、カブトに協力し、ZECTにも挑む。

↑ワームの事件を調べるため、怪盗シャドウに扮したこともあった。

↑ZECTの捜査員だが、父が組織の首脳であることは知らない。

↑上司に成り済ましてマスクドライダー計画の全容を探っていた。

↑時として、死んだ弟と野球をした記憶が蘇り、苦しんでしまう。

弟を殺害したワームに憎悪を抱く!

　弟をワームに殺害され、秘密組織ZECTに加入した青年で、直情的な性格の正義感。当初はカブトゼクターに有資格者として選ばれずに苦悩したこともあったが、ザビーゼクターを挟み、最終的にはガタックゼクターの有資格者となって仮面ライダーガタックに変身するようになる。

瞬発力・格闘戦に優れた戦いの神！

ガタックゼクター

クワガタ型の昆虫コア。気性が激しく、有資格者の候補者を襲う。

マスクドフォーム

ガタックの第1形態。両肩に装備したガタックバルカンから光弾を発射する。

ライダーフォーム

マスクドフォームからキャストオフした、ガタックの第2形態。通常の肉弾攻撃に加え、両肩から引き抜いたプラスカリバーとマイナスカリバーを合体させた武器、ガタックダブルカリバーで敵の体を切断する。

←ガタックは、跳び蹴りタイプのライダーキックを敵に繰り出す。

↑キャストオフ後、頭部の左右にあるガタックホーンが回転してセットされる。

↑2本のカリバーをかまえ、空中からワームに跳びかかっていく。

↑必殺技は、ガタックダブルカリバーを使用したライダーカッティングである。

カブトに匹敵するパワーを有す！

"戦いの神"とも呼ばれるマスクドライダーシステムで、仮面ライダーカブトに匹敵する戦闘力・能力を有している。計画のごく初期から開発が進められていたが有資格者が決まらず、実戦への投入が遅くなっていた。パワフルな戦闘を得意とし、カブトと共闘して、一部のZECT関係者とワームのネイティブが企む計画に挑戦した。

←ネガティブな発言をし、気の赴くままにワームと戦う。

↑パンチホッパーとコンビを組み、敵に立ち向かっていく。

ホッパーゼクター

バッタ型の昆虫コア。キックホッパーの変身アイテムである。

↑ライダージャンプ＆キックの破壊力は20t。

仮面ライダーキックホッパー

自らを"闇の住人"と称する者！

矢車 想
〈出演／徳山秀典〉

ZECTを追われ、自身を"闇の住人"と呼んでいた。キックホッパーに変身。

極秘裏に開発された
マスクドライダーシステム！

　ZECTの首脳・加賀美陸の指示によって極秘裏に開発・製作されたシステムでマスクドフォームを持たず、直接ライダーフォームに変身できることが特徴。左足に装備したアンカージャッキで蹴力を強化し、必殺技ライダージャンプ＆キックを決める。

仮面ライダーパンチホッパー

キックホッパーの義弟的存在！

影山 瞬
〈出演／内山眞人〉

ZECTやワームに見捨てられ、どん底にまで落ちていたところを矢車に救われる。

↑自身がワームになりかけたことに絶望し、キックホッパーに止めを刺してくれるように懇願した。

↑未来への希望を持たず、ひたすら暴れ回る。

↑俊敏な動きを生かして敵に襲いかかる。

ホッパーゼクター

キックホッパーのゼクターと同タイプだが、頭部の向きと色が違う。

アンカージャッキにより
パンチ力を強化！

2タイプある"ホッパー"システムの一つで、キックホッパーの義弟となってほかのライダーやワームを攻撃する。右腕に装備したアンカージャッキで腕力を強化しており、破壊力19tを秘めた必殺技・ライダージャンプ&パンチを敵に炸裂させる。

日下部ひよりを巡って
天道と再三対立する！

　人間をネイティブ化する実験のため、ワームのネイティブが少年を拉致して天道総司に擬態させたもので、異次元世界と現実世界を自由に移動する能力を持っている。日下部ひよりに特別な感情を抱いてしまい、彼女を守ろうとする天道と再三にわたって対立した。

↑廃墟にある施設"エリアX"に幽閉され、様々な実験に使われる。

↑天道をコピーしてはいるが、少年のようにピュアな性格の持ち主。

↑異次元世界でひよりと暮らしたいと願い、それを阻止しようとする天道と戦う。

↑擬態天道の存在は、ＺＥＣＴの中でも一握りの人物にしか知られていない。

少年時代の擬態天道
改造手術によってネイティブにされた。その素顔と名前は不明のままである。

擬態天道総司

（出演／水嶋ヒロ）

人間をネイティブ化する
実験に利用された！

ダークカブトの第1形態で、そのパワーはカブトのマスクドフォームと同じ。

ライダーフォーム

瞬発力を生かした格闘戦を得意とする、第2形態。強い防御力を有し、ハイパーフォームの攻撃にも耐えられる。

↑カブトに苦戦した時、ひよりが変身したシシーラワームに救われる。

ダークカブトゼクター

ダークカブトの変身アイテムである昆虫コア。擬態天道のもとに瞬間移動で飛来する。

↑異次元でクロックアップし、カブトと高速戦闘を展開した。

↑右足にタキオン粒子をチャージし、ダークライダーキックを打つ。

仮面ライダーダークカブト

「エリアXで製作されたカブトの試作型！」

カブトの打倒が使命！

擬態天道総司が変身する仮面ライダーカブトの試作型で、その戦闘力・能力はほぼ同等。カブトの抹殺を目的としているが、ワームに対しても反抗心を持ち、最終的にはネイティブの根岸を道連れにし、炎の中に消えていった。

↑人間に擬態し、暗躍するワームを阻止するため、カブトが活動を開始。

↑最後に残ったワームにライダーキックを決める。

↑遊園地でクロックアップし、敵を撃破した。

↑多くの人間を殺害したエピラクナワームを倒すが、その後、ZECTに捕らえられてしまう。

↑シャドウ隊長、仮面ライダーザビーとの一騎討ちに、カブトは勝利する。

↑第3の戦士、ドレイクの射撃に耐えながら反撃のチャンスを狙う。

↓助手のゴンを人質に取られたドレイクは、ザビーに協力を強要され、カブト襲撃に協力する。

↓ZECTに雇われた戦士、サソードと剣での対決を展開した。

↓サソードの真の姿であるスコルピオワームとも激突した。

↑新たに登場したガタックは、純粋に人類を守るための戦いを始める。

↑ひよりをガードしながら2体のワームに挑む、カブトとガタック。

↑強敵のウカワームにザビーとドレイクが挑戦したが、一敗地にまみれる。

↑別世界のカブトは、黄金のライダーに苦戦。

↑エリアXに向かったひよりを追うカブトたちを敵が襲う。

↑キックホッパーとパンチホッパーの出現によって、戦いはますます混迷を極める。

↑カブトはハイパーフォームになり、強敵ワームに立ち向かう。

別次元でダークカブトと対峙したカブトは、本能的に対決を開始する。

↑愛する女性が変身したウカワームに、ドレイクは自分の手で止めを刺す。

↑2体のホッパーに挑み、敗れたサソードは、彼らの仲間になっていく。

↑カブトはダークカブトと決戦を展開して追い詰めるが、そこにひよりが立ちはだかる。

↑遂に自分の正体に気付いた剣が、ワームの姿でカブトに挑んできた。

↑ZECTの三島が変身したグリラスワームを、剣で両断。

↑ネイティブは、ダークカブトの決死の行動によって倒された。

↑異次元からひよりを連れ戻したカブトは、ガタックらの協力をうけ、カッシスワームを倒す。

超高速の対決!

人知れず展開されるライダーたちのバトル!

　マスクドライダーシステムの有資格者となった戦士たちは、地球外生物ワームの侵略から人類を救うための戦いを展開していく。互いにクロックアップ（高速移動）して行われるその対決は、通常の人間には視認されず、密かに繰り広げられている。地球の覇権を握るのはワームか？　人類か？　それともZECTの一部なのか？

カブトエクステンダー

通常走行用から戦闘用にモードチェンジ！

カブト専用マシンとしてZECTが開発！

ZECTが開発したカブト専用の特殊強化バイクで、通常走行のマスクドモードから戦闘用のエクスモードに変形し、カブトの活動をサポートすることが最大の特徴。カブトの誘導によって自動走行することも可能である。

↑ワームめがけて突進し、撥ね飛ばす戦法を見せる。

↑車体はヒヒイロノカネという金属で成形。

↑カブトに変身する以前から天道が所有していたマシン。

エクスモード

マスクドモードからキャストオフした第2形態。イオン加速し、最高時速900kmをマーク。

マスクドモード

カブトエクステンダーの第1形態で、主としてパトロールやワームの追跡などに使用されるタイプ。通常時はガソリンで走行し、その最高時速は410km。

ザビー専用

→最高時速は400kmで、動力はガソリンエンジンとイオンエンジン。ザビー専用マシンのほか、ドレイク、ヘラクスのタイプが確認されている。

ドレイク専用

マシンゼクトロン

ZECTのライダー専用マシン

テールコンテナよりロケット弾を発射！

各マスクドライダー共通のマシンで、ＺＥＣＴが開発・製作した。テールコンテナからロケット弾を発射し、敵を粉砕。

ガタックエクステンダー

モードチェンジ後は空中飛行する！

エクスモード
マスクドモードの車体が左右に開き、完成する第２形態。空中を時速700kmで飛行できる。

マスクドモード

ガタックエクステンダーの第１形態。ガソリンで走行し、最高時速410km。敵の追跡などに使用する。

↑ＺＥＣＴの使者によってガタックのもとに届けられた。

↑ワームに対し、突撃戦法を展開することもある。

無人走行も可能な万能マシン！

ガタックが使用する専用特殊強化バイクで、ＺＥＣＴによって製作された。カブトエクステンダーと同様、マスクドモードからエクスモードにキャストオフする機能を持っている。また、ガタックの指令電波をキャッチし、無人で事件現場に駆けつけることもできる。

秘密組織ZECT

人間社会に潜伏するワームの殲滅が目的だが？

ZECTメンバー

（出演／本田博太郎）
加賀美 陸

ＺＥＣＴの表向きな首脳であり、警視総監の顔も持つ。

（出演／山口祥行）
田所修一

ＺＥＣＴの一部隊のリーダーで、その正体はネイティブ。

（出演／永田杏奈）
岬 祐月

田所チームの一員で加賀美新の先輩。天道にも力を貸す。

（出演／手嶋ゆか）
高鳥蓮華

組織の見習い隊員だが、突出した戦闘技能を有している。

↑ゼクトルーパーの隊員が移動などに使用する大型車。

↑田所らは、ワゴンタイプの指令車で現場に急行する。

組織の全貌は把握されていない！

人間に擬態して社会に潜伏するワームを殲滅し、人類とネイティブを守るために結成された秘密組織で、警察よりも強い権限を持つ。その存在は一般には公開されておらず、組織の全貌を知る者も少ない。

ゼクトルーパー

対ワーム用の専用アーマーを装着した、ＺＥＣＴの汎用戦闘チーム。頭部のメカニカルアンテナで司令官からの指示をうけ、マシンガンブレードでワームを攻撃。

一般隊員

標準的な装備を身につけた隊員で、田所チームはこのタイプの戦士たちと行動をともにする。

シャドウ隊員

ザビーの有資格者が率いる精鋭部隊。優れた戦闘能力を使ってワームを撃破していく。

見習い隊員

ワームとの実戦に投入される以前の練習生集団で、白いアーマーを装着している。

主要登場人物

（出演／里中 唯）
日下部ひより

天道の妹に擬態したワームだが人間に対する悪意はない。

（出演／神崎愛瑠）
ゴン

ワームに襲われ、記憶喪失になった少女。大介と同行。

（出演／奥村夏未）
天道樹花

天道が祖母に引き取られてから生まれた、義理の妹。

（出演／梅野泰靖）
じいや

神代家に仕える執事、剣の正体を知る人物でもある。

別次元の地球に登場したライダー　地球の未来を賭けて激突する戦士たち！

カブティックゼクター
ケタロス専用の変身アイテム。右手のブレスに装着。

（出演／虎牙光揮）
大和鉄騎
ＺＥＣＴが推進する〝天空の梯子計画〟実行責任者。

仮面ライダーケタロス

銅色のカブティックゼクターを使って変身する、ケンタウロスオオカブトのマスクドライダーシステム。ショルダータックルを得意としている。

カブティックゼクター
コーカサス専用の変身アイテム。ホーンで敵を切り裂く。

（出演／武蔵）
黒崎一誠
コーカサスの有資格者。ＺＥＣＴの反逆者を抹殺。

仮面ライダーコーカサス

金色のカブティックゼクターを使って変身する、コーカサスオオカブトのマスクドライダーシステム。〝黄金のライダー〟とも呼ばれる最強の戦士。

カブティックゼクター
ヘラクス専用の変身アイテム。瞬間移動で飛来してくる。

（出演／小林且弥）
織田秀成
ネオゼクトのリーダー的存在。ヘラクスの有資格者でもある。

仮面ライダーヘラクス

ヘラクレスオオカブトのマスクドライダーシステムで、銀色のカブティックゼクターを使用して変身。

ネオトルーパー

織田たちと行動をともにする、元ＺＥＣＴの戦士。銀色のアーマーを装着。

ネオゼクト

ＺＥＣＴメンバーの中で自由を求めた一部の者たちが組織を抜け出して結成。〝天空の梯子計画〟を乗っ取ろうとしたが、スパイの北斗修羅に妨害され、組織は壊滅する。

ワーム

1999年に渋谷に落下した隕石に乗ってやってきた地球外生物で、人間の姿と記憶をコピーして擬態し、社会で暗躍している。卵から誕生し、サナギ体を経て成虫体になるとクロックアップ能力を身につける。組織的に行動するワームも存在。

ワーム（サナギ体） 頑丈な外殻で内部の成虫体を守る第1形態。白ワームは特殊能力を持つ。

変態寸前状態

白ワーム

アラクネアワームルボア 蜘蛛に似た能力を持ち、カブトが初対戦した敵。

アラクネアワームニグリティア ルボア、フラバスの同族。高い跳躍力を誇る。

アラクネアワームフラバス 左右の腕から粘質性の糸を出し、敵を捕らえる。

ランビリスワーム 蛍に似た能力を持ち、胸を明滅させて獲物を誘い出して襲う。

ベルクリケタスワーム 鈴虫に似たワーム。羽を擦り合わせ、発音鏡から催眠音波を放射。

エピラクナワーム 天道虫に似たワーム。口腔より伸ばした管で人間の体液を吸う。

プレクスワーム 蚤に似た能力を持ち、50mの跳躍力を有する。右手から針を打ち出す。

ベルバーワームロタ 腕虫に似たワームで、凄まじい怪力を誇る。垂直の壁面をも登れる。

ベルバーワーム ロタの同族で、白い服を着た者だけを襲う。口腔から毒液を噴射。

コレオプテラワームクロセウス 黄金虫に似たワーム。口腔より伸ばした管で動物の体組織を吸う。

コレオプテラワームアージェンタム クロセウスの同族。両手に生えた長い爪で敵の体を引き裂く。

コレオプテラワームアエネウス アージェンタムらの同族。胸にある8本の足を伸ばして壁を移動。

ミュスカワーム 蝿に似た能力を持つ。腐食性の毒泡を口腔から噴射し、物体を溶かす。

セクティオワーム 蟷螂に似たワーム。スカート状の羽を開き、約45mも跳躍する。

セクティオワームアクェレ 2体目の蟷螂ワーム。口腔から毒性アルカロイドの泡を放出する。

フォルミカアルビュスワーム 白蟻に似たワームで集団行動を好む。医師に化け、暗躍した。

フォルミカアルビュスワームマキシラ 2体目の白蟻ワーム。口腔からガス状の蟻酸を噴射する。

フォルミカアルビュスワームオキュルス マキシラらの同族。全身の棘で鉄やコンクリートさえも砕く。

ピエラワーム バイオリン虫に似たワーム。右腕の触手で敵の体をつらぬく。

セパルチュラワーム シデ虫に似たワーム。左半身が硬い外骨格で覆われている。

ブラキペルマワーム ビリディス

蜘蛛に似たワーム。全身に生えた肢を伸ばし、敵を刺し殺す。

ブラキペルマワーム オートランタム

ビリディスの同族。口腔から消化粘液性の蜘蛛の糸を飛ばす。

タランテスワーム パープラ

2体のブラキペルマワームを操り、敵を襲う。少年に擬態。

ジオフィリドワーム

百足に似たワームで、渋谷隕石の欠片を持つ者を抹殺する。

ジェノミアスワーム

蟻地獄に似たワーム。すり鉢状の穴を作り、人間を引き込む。

（出演／三輪ひとみ）

ウカワーム

間宮麗奈

地球に生息するシオマネキに似た怪人で、ほかのワームを部下のように操る。鋏が武器。

キュレックスワーム

蚊に似たワーム。口に生えた管を突き刺し、敵の体液を吸う。

ワーム集団

ゼクトルーパーとともにカブトらを襲撃。

アキャリナワーム

ダニに似たワーム。口の牙で人間の体液を吸収し、ミイラ化させる。

アキャリナワーム アンバー

2体目のダニ怪人。風間大介に擬態し、ドレイクとなってカブトを襲う。

キュレックスワーム

左腕の棘を人間に突き刺し、コントロールウイルスを注入する。

フォリアタスワーム

木の葉虫に似たワーム。サナギ体の集団を率いて敵を襲撃する。

シシーラワーム

カゲロウに似たワームで、日下部ひよりの正体。空中を飛行する。

キャマラスワーム

海老に似た能力を持つワーム。右腕の鈎状のハンマーで敵を砕く。

（出演／加藤和樹）

根岸

ネイティブ

1971年に地球へ飛来。全人類をネイティブ化しようと画策する。

コキリアワーム

蝸牛に似たワーム。口腔の触角で獲物を刺し、体液を吸い取る。

レプトフィスワーム

キリギリスに似たワーム。右腕から殺人音波を放ち、敵を撃破。

サブストワーム

ザリガニに似たワーム。水中戦闘を得意とし、右手の鈎爪で攻撃。

カッシスワーム ディミディウス

カブトガニに似た怪人で、ワームのリーダー的存在。乃木怜治という人物に擬態。

乃木怜治

出演／坂口拓

カッシスワーム グラディウス

カッシスワームが再生復活した姿。敵の技をコピーする力を持つ。

カッシスワーム クリペウス

強力な盾を持ち、口腔より光弾を吐き、敵の体を焼き尽くす。

グリラスワーム

ZECTの三島が根岸と手を組み、ネイティブ最強のコオロギ怪人となった姿。

製作スタッフ
原作／石森章太郎　スーパーバイザー／小野寺章(石森プロ)　プロデュース／梶淳(テレビ朝日)・白倉伸一郎・武部直美(東映)　プロデュース補／大森敬仁・郷田龍一　脚本／小林靖子・米村正二　ダイアログ監修／小林靖子　監督／田﨑竜太・長石多可男・坂本太郎・石田秀範・金田治・舞原賢三・田村直己(テレビ朝日)・柴崎貴行　特撮監督／佛田洋　アクション監督／宮崎剛(ジャパン・アクション・エンタープライズ)　音楽／佐橋俊彦　撮影／いのくままさお・倉田幸治　照明／斗沢秀・鈴木岐彦ほか　録音／村田毅志・畑幸太郎ほか　VE／江島公昭・深沢雄壽ほか　美術／大嶋修一　装飾／柳沢武・森原毅(東京美工)ほか　装置／大野茂(紀和美建)　小道具／小林真奈美・小山徹　FC／宮本亘・倉田幸治ほか　CA／黒澤吏・日高隆文ほか　メイク／菅琴代・奥村弘行(サンメイク)ほか　衣裳／山本恵・松下麗子(東京衣裳)ほか　操演／髙木友善(ライズ)　助監督／柴崎貴行・山口恭平ほか　スクリプター／森みどり・たかいわれいこほか　進行主任／東正信・藤井達夫ほか　制作進行／塚本貞重・柚木裕彦ほか　カースタント／西村信宏(タケシレーシング)　編集／長田直樹　ED／緩鹿秀隆(TOVIC)　MA／曽我薫(東映東京撮影所)ほか　選曲／金成謙二(ドン・カンパニー)　音響効果／大野義彦(大泉音映)　キャラクターデザイン／早瀬マサト(石森プロ)・菊地和浩(PLEX)ほか　デザインワークス／PLEX　クリーチャーデザイン／韮澤靖　資料担当／飯田浩司(石森プロ)　造型／前澤範・前澤護(レインボー造型企画)ほか　ナオミ衣裳造型／竹田団吾　VFXスーパーバイザー／沖満　VFXアーティスト／長部恭平・鈴木嘉大ほか　CGデザイナー／松浦義孝・中村充彦(東映アニメーション)ほか　視覚効果／日本映像クリエイティブ　絵コンテ／なかの★陽　制作担当／富田幸弘　制作担当補佐／道木広志　仕上担当／八木明広　制作デスク／下前明弘　制作／テレビ朝日・東映・ADK

2007年(平成19年)1月28日～2008年(平成20年)1月20日放映
(以後劇場作品公開中)

MASKED RIDER
仮面ライダー電王
DEN-O

特異点の戦士！
時の運行を守る戦いに身を投じる

野上良太郎

（出演／佐藤 健）

尋常でない運の悪さを誇り、様々な不幸に見舞われ続ける！

↑通常は自転車を愛用しており、電王になった時のみ、マシンデンバードに乗る。

↑幼い頃に両親を亡くし、喫茶店を経営する姉と暮らしている。高校は中退してしまった。

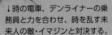

↓時の電車、デンライナーの乗務員と力を合わせ、時を乱す未来人の敵・イマジンと対決する。

↑戦いの中で何度も挫折しそうになるが、仲間のイマジンたちの協力で人間的に成長していく。

7年前の良太郎（小太郎）

（出演／溝口琢矢）

過去の世界で良太郎が出会った11歳の時の自分。ミニ電王に変身。

ライダーパス

良太郎が電王になる際、ベルトにセタッチ。

ライダーチケット

イマジンが潜入した過去の時間を表示する。

心優しく、やや内向的な少年！

昔から尋常ではない運の悪さを誇っており、様々な不幸に見舞われていた少年で、やや内向的な性格。時の干渉を受けない特異点であったため、自らに取り憑いたイマジンの行動を押さえ込み、時の運行を守る戦士、電王に変身するようになる。

プラットフォーム

良太郎自身が変身した、電王の基本形態ともいえる姿。敵イマジンと戦うにはかなり力不足。

↑何事も恐れず、一直線に敵イマジンに立ち向かっていく。

↑モモタロスが泳げないため、水中戦には対応できない。

仮面ライダー電王

イマジンが憑依することにより、異なる戦闘力を持つ形態に変身！

ソードフォーム

電王に契約イマジンであるモモタロスの力が宿った形態。基本的にはモモタロスの意思で活動し、デンガッシャーソードモードを使い、数種の〝俺の必殺技〟を敵に炸裂させる。

↑空中を飛行する敵は苦手だが、ジャンプ攻撃で対抗する。

↑「俺は、最初から最後までクライマックスだぜ！」が口癖。

野上良太郎とイマジンが意思を共有！

野上良太郎が、ライダーパスを使って自らのオーラで実体化させた電仮面とアーマーを装着した姿。素体であるプラットフォームの状態に契約したイマジンが憑依することで、異なる姿と戦闘力を持った特殊形態に変身できる。

【声の出演】関 俊彦

モモタロス

〝カッコ良く暴れる〟事だけを目的に良太郎に憑依したが、やがて深い友情を育んでいった。

モモタロスが憑依した良太郎は、かなり好戦的。

↑ロッドモードを活用した中・遠距離攻撃が得意なようだ。

（声の出演／てらそままさき）

キンタロス

男らしく、馬鹿がつくほどの正直者イマジンで、関西なまりがある。一度眠ったらテコでも起きない。

キンタロスが憑依した良太郎は、凄まじい怪力と体力を発揮する。

アックスフォーム

良太郎に憑依する事で命を救われたイマジン、キンタロスの力を身につけた、第3の形態。パワーと防御力にかけてはトップクラスであり、デンガッシャーアックスモードを専用武器として使用する。

↑張り手など、相撲の技を駆使した攻撃に出る事も多い。

↑アックスモードで敵を切る技・ダイナミックチョップ。

（声の出演／遊佐浩二）

ウラタロス

頭の回転が速く、口がうまい詐欺師タイプのイマジン。女性をナンパする事が得意。

ウラタロスが憑依した良太郎は、話術が巧みで器用な人物。

↑渾身のパワーを込めた必殺技・デンライダーキックで、敵を木っ端微塵に粉砕。

ロッドフォーム

良太郎に憑依してきた第2のイマジン、ウラタロスの力が反映された形態で、水中戦にも対応できる。デンガッシャーロッドモードで敵の体を突き刺す特殊技・ソリッドアタックで動きを封じる。

リュウタロスが憑依した良太郎は、動物とダンスが好き。

リュウタロス

良太郎を抹殺するために憑依し、やがて仲間となったイマジン。まだ子どもで、良太郎の姉である愛理を慕う。

〈声の出演/鈴村健一〉

↑必殺射撃技・ワイルドショットを繰り出す。

ガンフォーム

リュウタロスの能力が反映された電王の第4形態で、キック力・走力が向上。デンガッシャーガンモードを用いて、敵を容赦なく撃ちまくる。

ウイングフォーム

ジークのパワーが働いた際の電王で、ベルトの形状がほかのフォームと異なっている。優美な戦闘を好み、華麗な立ち回りで敵イマジンを徐々に圧倒していく。

↑デンガッシャーブーメランモードとハンドアックスモードを使用し、必殺技・ロイヤルスマッシュを決める。

〈声の出演/三木眞一郎〉

ジーク

自らを高貴で気品あふれる存在と認識しているイマジン。常に尊大に振る舞っている。

ジークが憑依した良太郎は、エレガントになってしまう。

仮面ライダーミニ電王

ソードフォーム

モモタロスが7年前の良太郎（小太郎）に憑依し、変身した形態。素早い動きを見せ、忍者集団を蹴散らした。

モモタロスのような荒々しく短気な性格の少年に変わる。

**クライマックスフォーム
キックモード**

ボディーのデンレールとターンブレストで右脚に電仮面を集中させた、クライマックスフォームの蹴力強化モード。必殺技・ボイスターズキックで敵を撃破する。

クライマックスフォーム パンチモード

クライマックスフォームの腕力強化モードで、左腕に電仮面が集中。ボイスターズパンチを打つ。

↑デンライナー車内の回転塔にいるイマジンからパワーが送られる。

↑デンカメンソードで電車斬り（フルスロットルブレイク）を行う。

ライナーフォーム

良太郎がデンカメンソードを手にしたことにより、誕生した形態で、時の電車を模したボディーが特徴。デンカメンソードを通じて得たイマジンのパワーを使い、敵を倒す。

↑ボイスターズシャウトというミサイル攻撃を見せる。

クライマックス
フォーム

ソードフォームを中核としてウラタロス、キンタロス、リュウタロスが同時に憑依した"てんこ盛り"と称されるフォーム。その戦闘力・能力スペックは、まさに最強状態。

↑NEW電王ベガフォーム、ディケイドとともに、敵に挑んだ。

超クライマックス
フォーム

クライマックスフォームの4体に加え、更にジークが憑依した形態。空中飛行能力を身につけ、必殺技・超ボイスターズキックで敵を粉砕。

（出演／中村優一）

桜井侑斗

自身の記憶を消費しながらゼロノスに変身する、孤独な青年！

↑良太郎らと対立したこともあったが、その後、協力関係になる。

↑特異点ではないが、ゼロノスカードが様々な点を補完している。

↓高校生時代に悪の特異点・カイの企みにあい、一度姿を消す。

ユウ

（出演／沢木ルカ）

少年時代の侑斗。時の列車に乗り、室町時代へ向かった。

過去の男

（声の出演／岡野友信ほか）

30歳時点の桜井侑斗で職業は天文学者。時空間の中を放浪する。

未来の自分と契約を交わしたデネブと協力！

良太郎の姉・野上愛理の行方不明となった婚約者・桜井侑斗からゼロノスの使命を託された19歳時点の侑斗で、自分の記憶を消費しながらゼロノスに変身し、敵と対決。契約したイマジン、デネブとともに時の運行を守り続ける。

仮面ライダーゼロノス

電王登場以前から時の運行を守る！

アルタイルフォーム

侑斗が自身のオーラをフリーエネルギーに転換して変身する姿で、デネブの能力は反映されていない。俊敏な戦闘を得意とし、ゼロガッシャーサーベルで敵を粉砕する。

プラットフォーム

ゼロノスの素体ともいうべき形態で、変身の途中経過。この姿で戦闘を行う事はない。

ゼロノスカードを使用し、自らのオーラを身に纏う！

特異点ではない桜井侑斗が、ゼロノスカードの働きで自らのオーラを実体化させ、身に纏って変身する戦士。仮面ライダー電王よりも以前から時空間を旅し、時を乱す者と対決していた。

→サーベルモードの必殺技は、敵の体を両断するスプレンデッドエンド。

↑ボウガンモードから光矢を発射する必殺技は、グランドストライクという。

デネブ

声の出演／大塚芳忠

契約者の侑斗を常に心配し、母親のように面倒を見る。指先から破壊弾を発射。

デネブが憑依した侑斗は、馬鹿がつくほどのお人好し。

ベガフォーム

デネブが全身を変形させ、アルタイルフォームに合体した形態。ゼロガッシャーボウガンモードを多用。

ゼロフォーム

2つの時間の侑斗が、それぞれゼロノスに変身し、共闘。

新ゼロノスカードを使って変身する形態だが、現在の侑斗の記憶をも消費して活躍するため、ボディーが赤く錆びている。専用武器はデネビックバスター。

クライマックスジャン

↑特異点の良太郎は、憑依してきたモモタロスの力を利用し、電王の活躍を開始。

↑ウラタロスの力を得て、新たなフォームが登場した。

↑空手選手に憑依したキンタロスとソードフォームの対決。

↓空中から襲いくる敵に、ソードフォームの一撃が炸裂。

↓キンタロスが仲間に加わり、アックスフォームに変身する。

↓嫉妬したガンフォーム（リュウタ）が、ゼロノスに対決を迫る。

↑良太郎の行動に感動しているソードフォーム（モモ）は、イマジンを鼻であしらう。

↑戦国時代でジークが良太郎に憑依し、ウイングフォームが登場。華麗な戦法でイマジンを撃破した。

歴史を変えようと企てる 未来人との対決!

　時の流れを乱し、世界の歴史を変えようとする未来からの侵略者・イマジン。しかし、彼らの中にも少なからず変わり者が存在し、それが、結果的に時を守る戦士・電王とゼロノスを誕生せしめる要因となった。時と記憶を巡る戦いの決着は如何に……。

世界の歴史を食い尽くそうと企てる悪の戦士・ガオウは、手始めに良太郎が誕生した1988年の世界を破壊しようとした。電王の怒りの一撃が敵に決まる。

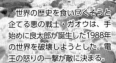

プ！

時間を飛び越え、戦場へと向かう勇者！

↑てんこ盛り状態のクライマックスフォームが戦闘を開始。

↓マシンデンバードに乗り、イマジンとマシン戦を展開。

↑時のターミナルでレオソルジャー相手に大立ち回り。

←高校生時代の侑斗をイマジンの魔手から救うために、電王は1999年の世界へと飛んだ。

↑カードを使いきった侑斗は、現在の記憶を消費する戦士・ゼロフォームとなる。

←敵に苦戦するゼロフォームの前に、30歳時点の桜井が変身したアルタイルフォームが登場。

→悪の特異点・カイとイマジンらを粉砕した電王（良太郎）は、デンライナーで旅立つモモタロスたちを見送る。

↑ソードフォーム（モモ）とライナーフォーム（良太郎）が、幽汽の野望を砕く。

↓室町時代に飛び、オニの一族を指揮して歴史を乱すゴルドラ（クチヒコ）を粉砕。

←時の運行を妨げる者を強硬に取り締まる仮面ライダーG電王に対抗するため、仮面ライダーディエンドと共闘。

オートバイとしての単独使用も可能!

本来は、デンライナーの独立連動システムバイク型コントローラーで、先頭のコクピットにセットされており、ライダーパスを挿入すると起動。車両から発進し、後部のデンギャザーから空気中の電気を吸収しての走行も可能である。

↑最高時速1010kmで走行し、敵に突進攻撃をしかける。

↑機動性に優れ、高いジャンプ性能を誇っているマシンである。

マシンデンバード

デンライナーの独立連動システムバイク型コントローラー

デンライナー

時の運行を守る戦いで活躍する、時の列車。異空間の路線を走って人の記憶に裏づけられた過去や、未来の世界にも行ける。

ゴウカ

主にモモタロスが使用する車両。1号車のコクピットに収納されたマシンデンバードによって運転。

イスルギ

ロッドフォームが呼び出す車両。上部から亀形のメカ、レドームを分離し、敵を攻撃。

レッコウ

アックスフォームが操る車両で、左に3本、右に2本のサイドアックスを展開する。

イカヅチ

2両連結の車両で、ガンフォームがコントロール。戦闘時は一部が変形し、竜の姿になる。

↑敵の集中砲撃などを浴びても、車体には傷一つつかない。

マシンゼロホーン

ゼロノスが乗り、ゼロライナーを操縦！

←急停車させ、浮きあがった後輪で敵を跳ね飛ばす。

↓性能はマシンデンバードと同等で、最高時速も1010kmである。

ゼロライナー

デンライナーの乗務員、ハナがいた時間に存在する時の列車で、現在はゼロノスとデネブが使用。

ドリル

ゼロライナーの1号車。前部からドリルを出し、物体を破壊。

ナギナタ

ゼロライナーの2号車。上部のローターで空中も飛行できる。

キングライナー

巨大な、時のターミナルで、デンライナーとも合体可能。時の分岐点を監視している。

各種性能は
マシンデンバードと同等！

ゼロライナーの運転システムの中核として機能する、独立連動式バイク型コントローラー。車両から分離させ、オートバイとしても使用できる。

仮面ライダーNEW電王

野上良太郎の孫、幸太郎が変身する未来の電王！

ストライクフォーム

NEW電王の基本形態で、鋭角的な電仮面が特徴的。専用武器・マチェーテディを使用し、ストライクスパートなどの技を繰り出す。

NEWデンライナー

NEW電王に合わせたカラーリングの車両だが、スペックは変更なし。

テディ （声の出演／小野大輔）

幸太郎と契約したイマジンで礼儀正しい。マチェーテディに変形し、戦いに参加する。

ベガフォーム

デネブが幸太郎に憑依して誕生した、新フォーム。デンガッシャーナギナタモードを使用。

野上幸太郎 （出演／桜田通）

芯が強い正義漢だが、やや自信過剰気味な面が目立つ。

↑NEWデンライナーに搭載されたマシンデンバードに搭乗。

設定した時間内に敵を粉砕！

ゼロノスと同様にイマジンの憑依なしで電仮面を起動できる新たな電王で、野上良太郎の孫・幸太郎が変身する。俊敏かつ力強い戦いを展開し、倒すまでの時間を自ら宣言、カウントダウンしながら敵を圧倒していく。

未来人、死者が変身した仮面ライダー

時を乱そうとする者！

仮面ライダーガオウ
牙王がマスターパスとガオウベルトで変身した悪の戦士。ガオウガッシャーを武器とする。

牙王
（出演／渡辺裕之）
時の列車を襲う、強盗団の首領。配下のイマジンを率いる。

ガオウライナー キバ

古代の王が製作した神の列車で、マシンガオウストライカーで操縦。神の路線を走り、全ての時間を支配。

ネガタロス
（声の出演／緑川光）
"ヒーローもの"の枠を超えた悪の組織を結成しようとする。

仮面ライダーネガ電王 ネガフォーム
ネガデンガッシャーを操る悪の電王。装着者であるネガタロスのパワーが強化され、その戦闘力は電王のどのフォームよりも強い。

ネガデンライナー
ネガ電王専用の時の列車。ギガンデスを収納している。

仮面ライダー幽汽 スカルフォーム
（声の出演／神谷浩史）

（出演／佐藤健）
ゴーストイマジンに意識を支配された良太郎。

ゴーストイマジンが良太郎に憑依したうえで、ライダーパスとユウキベルトで変身する悪の戦士。鋭い剣が専用武器である。

死郎
（出演／松村雄基）
生者と死者の時間を入れ替えようと画策。

幽霊電車
400年間も死者の時間を彷徨っていた列車。

仮面ライダー幽汽 ハイジャックフォーム
死郎が闇のチケットをライダーパスにセットし、ユウキベルトにセ・タッチして変身。サ・ヴェジガッシャーと独楽、鞭を用いて攻撃してくる。必殺技は、ターミネイトフラッシュ。

仮面ライダー G電王
（声の出演／高橋広樹）
黒崎レイジが人工イマジン、イブの力を使って変身する戦士だが、暴走した際にはイブが単独で変身。迅速で的確な戦法を展開した。

黒崎レイジ
（出演／古川雄大）
時間警察官。家宝を盗んだディエンドを憎む。

カイ

（出演／石黒英雄）

イマジンを操り、全ての時を消滅させようと画策！

↓顔に笑みを浮かべながら残酷な行動に出る。記憶や言動は常に曖昧。

↓リュウタロスに良太郎を抹殺させようと画策した、張本人である。

↑イマジンの頭に直接語りかけるテレパシー能力や、時間そのものを破壊する力を秘めている。

→日付がばらばらなダイアリーを持ち歩く。最後はイマジンたちとともに砂と化して消滅。

幼児的で凶暴な男!

3000体以上もの未契約イマジンを従える特異点。過去を変えて自分たちの時間を未来と繋げるため、存在そのものが時の運行に影響を与える分岐点の鍵となる人物を抹殺しようとする。表情と感情がシンクロせず、自身の過去が無いため、物忘れが激しい。

主要登場人物

オーナー
（出演／石丸謙二郎）

デンライナーの所有者で、真の正体は不明。時の運行を守る使命に燃える。

ナオミ
（出演／秋山莉奈）

デンライナーのアルバイト。客室乗務員ながら車両の運転などもこなす。

ハナ
（出演／白鳥百合子）

自分の時間をイマジンに消滅させられた、特異点の少女。電王に協力する。

コハナ
（出演／松元環季）

新たな時の路線ができ始め、その影響でハナが9歳になってしまった姿。

駅長
（出演／石丸謙二郎）

時のターミナル、キングライナーの駅長。時の路線の分岐点を監視する。

野上愛理
（出演／松本若菜）

良太郎の姉で、星のライブラリカフェ・ミルクディッパーを経営している。

尾崎正義
（出演／永田彬）

三流雑誌の編集者で、愛理目当てにミルクディッパーへ通う常連客。

三浦イッセー
（出演／上野亮）

怪しい容貌のスーパーカウンセラー。勘は鋭く、イマジンを悪霊として認識。

イマジン

時間の流れから切り離された〝未来のとある世界〟からやってきた未来人の精神体が、契約者が持つ童話や民話のイメージで実体化。憑依した人間の願いを叶え、それによって開く〝時の扉〟を通って過去の世界へと移動し、活動する。

バットイマジン

（声の出演／梁田清之）

キーホルダーを持つ者を無差別に攻撃。空中飛行が可能。

ギガンデス ヘブン

バットイマジンなどのイメージが暴走し、巨大怪物化。

カメレオンイマジン

（声の出演／金光宣明）

銀行や現金輸送車を襲撃。口から吐く火炎と鞭が戦力。

クラストイマジン

（声の出演／津久井教生）

少年サッカー選手を襲撃する。巨大な鋏で物体を切断。

ギガンデス ハデス

クラストイマジンらのイメージが暴走。海中を高速移動。

クロウイマジン

（声の出演／西凜太朗）

契約者の思い出の曲を演奏する者を消去。羽手裏剣が武器。

ライノイマジン

（声の出演／小山剛志）

空手の選手を狙う。棍棒から火球を発射し、敵を爆破する。

ギガンデス ヘル

ライノイマジンらのイメージが暴走し巨大化。火炎を吐く。

アイビーイマジン

（声の出演／園部啓一）

少女モデルの仕事を妨害する。両腕に鋭利な鎌を装備。

オウルイマジン

（声の出演／黒田崇矢）

公園に入ろうする者を排除。鋭い鉤爪と長剣で敵を襲う。

ホエールイマジン

（声の出演／多田野曜平）

工場社長の酒癖の悪さを知る者を抹殺。武器は刺叉。

ウルフイマジン

（声の出演／檜山修之）

女性のために思い出の品を収集。半月刀から光波を撃つ。

ジェリーイマジン

（声の出演／中尾隆聖）

体を液状化して敵を奇襲し、触手から放つ電撃で攻撃する。

本体　（声の出演／落合弘治）　**分離体**

トータスイマジン

亀型の本体から兎型の分離体が出現。口腔から小亀型の弾丸を発射し、敵を爆破。

スコーピオンイマジン

（声の出演／神奈延年）

赤ん坊や母親を誘拐。鋏を地面に刺し、地割れを起こす。

本体　（声の出演／鈴木千尋）　**分離体**

スパイダーイマジン

少女に星を見せるため、大都市を停電させる。腕から蜘蛛の糸、口から毒針を発射。

モレクイマジン

（声の出演／徳山秀典）

宝石店を襲撃し、竜王の注意を引きつけることが目的。

ブラッドサッカーイマジン

（声の出演／飛田展男）

泥棒がミルクディッパーに隠した宝石を取り返そうとする。剣が武器。

モレクイマジン

（声の出演／徳勇秀典）

牙王がデンライナーをジャックする間、囮として活動。

コブライマジン

（声の出演／森野豊）

戦国時代で良太郎一行を襲撃する。鋭い剣で敵を斬る。

ニュートイマジン

（声の出演／斎藤ヤスカ）

1988年の世界で電王と対決する。2本の鎌を振り回す。

サラマンダーイマジン

（声の出演／内田直人）

忍者に憑依して暗躍。巨大鉄球で物体を砕く。

ゲッコーイマジン

（声の出演／鈴村健一）

牙王をリーダーとする強盗団の一員。剣で敵を倒す。

ワスプイマジン

（声の出演／桜井敏人）

殺人者の依頼で死体を隠蔽する。額から毒針を撃ち出す。

ブルーバードイマジン

（声の出演／里野充暗）

主婦の眼前で火球を爆発させる。空中を飛行。

ラビットイマジン

（声の出演／高階俊嗣）

空を飛びたいと願う男を宙吊りにした。鉤爪が武器。

アントホッパーイマジン
（アリ）

（声の出演／鳥海浩輔）

野上愛理を狙った。スコップが武器。

アントホッパーイマジン
（キリギリス）

（声の出演／傷習）

ヴィオラ形の武器で敵の体を切り裂く。

クラーケンイマジン

（声の出演／稲田徹）

ピアノが欲しいという男の願いを叶える。触手で攻撃。

モールイマジン
（アックスハンド）

（声の出演／桐井大造）

空手道場の関係者を次々と倒す。鋭い斧で敵を切り倒す。

モールイマジン
（クローハンド）

（声の出演／坂口候一）

3体で行動し、敵を粉砕する。長いクローハンドが武器。

モールイマジン
（ドリルハンド）

（声の出演／塩濁晃）

ドリルハンドを高速回転させ、強固な物体をも破壊する。

レオイマジン

（声の出演／山路和弘）

カイのイメージで実体化したイマジン。武器はロッド。

レオソルジャー

（声の出演／塩野勝美）

レオイマジンの命令に従い、デンライナーの破壊を画策。

パンダラビットイマジン

（声の出演／落合弘治）

希望する会社に入りたがる男をビルに投げ込む。

スネールイマジン
（雄）

（声の出演／入江崇史）

30歳の桜井を追い、1992年の世界に出現。武器は銃。

スネールイマジン
（雌）

（声の出演／葛城七穂）

高校生時代の桜井侑斗を殺害しようとした。鞭を振るう。

ゲッコーイマジン

（声の出演／鈴村健一）

カイの配下イマジンで、牙王の仲間とは別の個体である。

ニュートイマジン

（声の出演／遊佐浩二）

ゲッコーイマジンとともに電王と対決。鎌で攻撃してくる。

オクトイマジン

（声の出演／津田健次郎）

少女の願いを叶えるため、侑斗をさらう。触手が武器。

黒い竜の形をした怪物

時の列車の線路とギガンデスが融合し、誕生した怪物。

アルマジロイマジン

（声の出演／高木渉）

契約者の願いを誤解し、襲いかかる。鉄球を振り回す。

アルビノレオイマジン

（声の出演／黒田崇矢）

レオイマジンの同一イメージ体で、カイの側近。

スノーマンイマジン
（声の出演／大川透）

街中に売れ残りの時計をばら蒔き、強引に契約を完了。口から冷気を吐く。

NEWモールイマジン
（声の出演／笹沼晃ほか）
→クローハンド
→クロスハンド
→ヒポハンド

カイの怒りから実体化した。クロスハンドやヒポハンドも存在。

イマジン集団
（声の出演／塩野勝美）

電王やゼロノスを一気に抹殺するため、カイが出現させたイマジンの集団。

デスイマジン
（声の出演／家中宏）

カイとともに全ての時間を消滅させようとする死神。鎌で敵を切り裂く。

ピンクラビットイマジン

ネガタロスの軍団に所属する怪人。

クラウンイマジン
（声の出演／鈴木千尋）

ネガタロスの女用心棒に憑依し、敵を襲う。

ホースファンガイア
（声の出演／塩野勝美）

ピンクラビットイマジンとともに暴れ回る。

ゴーストイマジン
（声の出演／神谷浩史）

良太郎に憑依し、幽汽（スカル）に変身。

ファントムイマジン
（声の出演／竹岩拓磨）

植物状の杖を振り回し、敵を打ちのめす。

シャドウイマジン
（声の出演／杉田智和）

モモタロスらを襲撃。NEW電王に敗れる。

ゴルドラ

室町時代に巣くう鬼、クチヒコが変身した金の戦士。杖からエネルギー波を発射する。

クチヒコ
（出演／篠井英介）

オニ一族を首領として室町時代に君臨していた兄弟の兄。

鬼の戦艦

時を走る巨大な戦艦で、鬼の切り札が揃うと出現。

シルバラ

ミミヒコが変身する怪力自慢の猛者。巨大な金棒を振り回し、敵の体を叩き潰す。

ミミヒコ
（出演／柳沢慎吾）

クチヒコの弟。鬼の切り札を探して現代にやってきた。

ゲルニュート
（声の出演／檜山修之）

ゴルドラたちの指令で行動する、オニ一族の怪人。

ピギーズイマジン
（声の出演／中井和哉ほか）

体に3つの顔があり、3兄弟の意思が同居している。

アントホッパーイマジン
（声の出演／鳥海浩輔）

ヴィオラ形の剣で敵の体を切り裂こうとする。

マンティスイマジン
（声の出演／富沢美智恵）

2本の鋭い鎌を自在に振り回す、女性のイマジン。

スパイダーイマジン
（声の出演／笹沼克郢）

以前に出現したイマジンとは別個体。素早く動く。

2008年(平成20年)1月27日～
2009年(平成21年)1月18日放映

製作スタッフ
原作／石ノ森章太郎　スーパーバイザー／小野寺章(石森プロ)
プロデュース／梶淳(テレビ朝日)・武部直美・宇都宮孝helm・大
森敬仁(東映)　脚本／井上敏樹・米村正二　監督／田﨑竜太・
石田秀範・舞原賢三・田村直己(テレビ朝日)・長石多可男・中
澤祥次郎　特撮監督／佛田洋　アクション監督／竹田道弘・宮
崎剛・新堀和男(ジャパン・アクション・エンタープライズ)
音楽／斉藤恒芳　音楽プロデュース／河野祐介　撮影／いのく
まままさお・倉田幸治　照明／斗沢秀・鈴木岐彦ほか　録音／中
前哲夫・和久井良治ほか　VE／佐々木基成・中村耕太ほか
美術／大嶋修一　装飾／神戸信久・平井浩一(東京美工)ほか
装置／荒川尚史・大野茂(紀和美建)　小道具／吉田千里・森原
毅ほか　FC／野村次郎・宮本亘ほか　CA／杉浦麻樹・小山
佑輔ほか　メイク／若村和代・佐藤泰子(サンメイク)ほか　衣
裳／横山亜由美・杉山敦子(東京衣裳)ほか　操演／高木友善(ラ
イズ)　助監督／柴崎貴行・伊藤良一ほか　スクリプター／森永
恭子・森みどりほか　進行主任／東正信・本間隆廣　制作進
行／滝沢栄・樋口春香ほか　カースタント／西村信宏(タケシ
レーシング)　編集／長田直樹　EED／緩鹿秀隆(TOVIC)　MA／曽我薫
選曲／金成謙二(ドン・カンパニー)　音
響効果／大野義彦(大泉音映)　キャラク
ターデザイン／早瀬マサト(石森プロ)・
PLEX　クリーチャーデザイン／篠原
保　資料担当／田嶋秀樹・吉田雅壽(石森
プロ)　造型／前澤範・前澤護(レインボー
造型企画)ほか　VFXスーパーバイ
ザー／足立亨・中根伸治ほか　VFXアー
ティスト／長部恭平・田口清隆ほか
CGデザイナー／小田達哉・祖父江成則
(東映アニメーション)ほか　視覚効果／
日本映像クリエイティブ　CG制作／特
撮研究所　絵コンテ／なかの★陽　バイ
オリン指導／宮津まり子　バイオリン吹
替／渡辺公志・吉岡篤志ほか　バイオリ
ン制作指導／カルミナ・ストリングス
制作担当／富田幸弘　仕上担当／八木明
広　制作デスク／道木広志　制作／テレ
ビ朝日・東映・ADK

運命の鎖を放ち、
覚醒する魔皇力！

仮面ライダーキバ
MASKED RIDER KIVA

紅渡

（出演／瀬戸康史）

人間とファンガイアの血を受け継ぐ、孤独な青年！

少年時代の渡

幼い頃に母と別れ、大きな屋敷の中で一人暮らしをしていた。自分が人間とファンガイアの血を受け継ぐ者とは気づいていない。

↑キバットバットⅢ世に噛まれることで体内の魔皇力が覚醒し、ファンガイアのキングの武具である〝キバの鎧〟を装着。

↑ファンガイア次期クイーンの力と称号を持つ女性、鈴木深央と愛し合うが、その結末には彼女の死が待っていた。

→プロのミュージシャンを目指す襟立健吾とともに、ロックバンド〝新イケメンズ〟を結成した。

↑ファンガイアの若きキングである異父兄弟の登 太牙には、愛を感じながらも対立する。

↓父が残した名器〝ブラッディ・ローズ〟を超えるバイオリンを作るため、試行錯誤を繰り返す。

幾多の苦境を乗り越え、人間としての愛と強さを身につける！

人間の紅 音也と魔族・ファンガイアの真夜の間に誕生した青年。気弱で人見知りが激しく、他人との接触を極力避けて生きてきたが、自分の望みを自覚し、信念を持ってファンガイアと対決するようになる。

仮面ライダーキバ

強大な魔皇力を内包したファンガイアの王の鎧!

↑ファンガイアのキングのために作られたキバの鎧には強大な力が隠されている。

キバ装着者(2030年時点)

紅 正夫

(出演/武田航平)

22年後の世界から現代に来た、渡の息子。

↑6本のフエッスルをキバットに吹かせ、力の解放やアームズモンスターの召喚を行う。

↑素早い攻撃や防御を得意とする。また、蝙蝠のように活動。

↑85mの跳躍後に繰り出される強烈なパンチやチョップで、敵の弱点を破壊する。

キバフォーム

キバの基本形態で、拘束具とカテナで全身の力を抑制している。他のフォームと違って専用武器を有しておらず、キックやパンチなどの格闘攻撃を主体に敵と対決する。

↑右脚のヘルズゲートを開放し、必殺技・ダークネスムーンブレイクを敵に炸裂させる。

フエッスル

キバットベルトのホルダーにセットされている覚醒・召喚笛。

(声の出演/杉田智和)

キバットバットⅢ世
渡と同居し、精神的に支える蝙蝠型のモンスター。

拘束具とカテナで抑制された力を解放し、ファイナルウェイクアップ!

紅 渡がキバの鎧を全身に纏った姿。登場時は体の各所を拘束具とカテナで封印し、力の暴走を抑えているが、フエッスルやタツロットによって力を解放し、様々なフォームに変身していく。ファンガイアと人間の共存を心から願い、それを妨害する者と戦う。

↑空中から野獣のように素早く飛びかかり、敵の体をガルルセイバーで貫いてしまう。

（出演／松田賢二）
次狼

ガルル彫像態

ガルル
ウルフェン族（狼男一族）の生き残り。過去には人間も襲っていたが、今はキバの活躍をサポートしている。

ガルルフォーム
キバが左手で魔獣剣・ガルルセイバーを握ることで変身する、青い魔獣形態。左腕や胸がガルルの持つエレメントの影響で変化し、剣技を得意とする。

↑渡とガルルの意思が共存した形態である。

↑ガルル・ハウリングスラッシュが必殺技。

→敵が発射した弾丸や光弾も、手で軽く弾き飛ばしてしまう。

↑水の弾丸を発射する、バッシャー・アクアトルネードが必殺技。

↑バッシャーは、無邪気に敵を追い詰めていく。

バッシャーフォーム
魔海銃・バッシャーマグナムを右手で掴んだキバがチェンジする緑の半魚人ガンマン。水中戦を得意とし、地上でも周囲にアクアフィールドを発生させる。

ラモン

（出演／小越勇輝）

バッシャー彫像態

マーマン族（半魚人一族）の生き残りで、22年前からガルルやドッガと行動をともにする。口から水流を放射する。

バッシャー

↑ガル、バッシャー、ドッガのフエッスルを連続使用。

↑ガルルのスピード、バッシャーの射撃力、ドッガの防御力などを併せ持った、スペシャル形態である。

↑ドッガハンマーで敵の体を持ち上げ、空中高く投げ飛ばす。

↑ガルルセイバーとバッシャーマグナムで敵を攻撃しつつ、同時にダークネスムーンブレイクを決める。

ドッガフォーム

キバが魔鉄槌・ドッガハンマーを両手で持ち、チェンジする紫の超怪力戦士。驚異的な腕力を生かして敵と接近戦を展開し、一撃のもとに粉砕してしまう。

（出演／滝川英治）

力（リキ）

ドッガ彫像態

↑超重量のドッガハンマーを引きずりながら敵に接近していく。

ドッガ

フランケン族（人造人間一族）の生き残り。怪力を誇る大男だが、その性格は寡黙でかなりの純情派。

↑ドッガハンマーの拳の中にあるトゥルーアイで、敵の弱点を発見。

ドガバキフォーム

フエッスルで3体のアームズモンスターを同時に召喚、キバフォームに融合合体させた形態。風邪をひいたキバットが特別に誕生させたようだ。

エンペラーフォーム

キバの鎧を抑え込んでいた全ての拘束具とカテナを解き放ち、全エネルギーを解放したファイナルウェイクアップ形態。ファンガイアのキングが持つ魔皇剣に幻影怪物ザンバットが合体した武器、ザンバットソードを使用する。

↑タツロットでガルルセイバーの力を強化し、敵を一刀両断にする。

↑現代に来た父の音也と協力し、レジェンドルガの戦士に挑む。

〈声の出演／石田 彰〉

タツロット

ファンガイアがドラン族の竜を改造して生み出した、キバを究極覚醒させるための鍵。

キャッスルドラン

最強の竜・グレートワイバーンをファンガイアが捕らえ、移動戦闘拠点に改造したもの。

シュードラン

ドラン族の幼生獣を改造し、偵察・爆撃機に転用。キャッスルドランと合体する。

↑敵を前に、バイオリンを奏でる余裕すら見せるようになった。

↑全身の力を両脚に集中させ、エンペラームーンブレイクを炸裂させる。

キバ飛翔態

キバの更なる覚醒形態で〝エンペラーバット〟とも呼ばれている。

← 麻生ゆりの
気を引きたい
がために〝素
晴らしき青空
の会〟へ入る。

紅 音也

（出演／武田航平）

渡の父であり、100年に一度の天才と評される、バイオリニスト！

↑イクサナックルを使用
し、イクサに変身する。

↑女好きでかなり軽い性格だが、ファンガ
イアとの対決では高い戦闘力を発揮する。

←1986年時点での、
イクサセーブモー
ドの装着者である。

↑キングとの対決後、
真夜に看取られて命
を落とす。

年齢を問わず、全ての女性を愛するフェミニスト！

　100年に一度の天才とも評されるほどの技
量を持つバイオリニストで、同時に一流のバイ
オリン職人でもある人物。1986年時点では
24歳で、全ての女性を愛するフェミニストを
気取っていたが〝素晴らしき青空の会〟に入
会し、ファンガイアに挑むようになる。その際、
自分の才能を認めるファンガイアのクイーン、
真夜と愛し合い、2人の間に渡が誕生する。

仮面ライダーイクサ

1986年時点で紅音也が装着していた戦闘用スーツ！

イクサ装着者(1986年時点)

次狼

(出演／松田賢二)

初めてセーブモードを装着し、敵を倒す。

→ガルルたちと対決した事もあったが、やがて仲間になっていく。

→イクサナックル以外の武器はなく、パンチ、キックで敵を粉砕。

↑イクサナックルから衝撃波を放つブロークン・ファングが必殺技。

対ファンガイア迎撃システム！

"素晴らしき青空の会"に所属する麻生 茜によって設計・開発された、対ファンガイア用迎撃戦士システム。1986年時点で既に基本形態のセーブモードが完成していたが、当初は装着者の体に負担を強いる危険なシステムだった。主に紅音也が変身する。

イクサ装着者(1986年時点)

麻生ゆり

(出演／高橋 優)

母の仇であるファンガイアに挑む女性戦士。

母が開発したイクサシステムを装着し、ライオンファンガイアと対決。

↑仮面ライダーイクサに変身し、ファンガイアを次々と粉砕する。口癖は「その命、神に返しなさい！」である。

↑渡がキバに変身している事を知らず、何度も対決していた。

↑イクサ装着者の権利を失い、サポーターとなる。

↑〝素晴らしき青空の会〟の同僚である麻生 恵と対立していたが、愛するようになる。

↑結婚式では緊張しながらも、恵にリードされて誓いの口づけを交わす。

〈出演／加藤慶祐〉

名護啓介

警察からも一目置かれる優秀なバウンティハンター！

ファンガイアに対抗する民間組織・〝素晴らしき青空の会〟のメンバー

2008年時点の〝素晴らしき青空の会〟でイクサシステム装着者に選ばれた青年。同時に警察からも一目置かれる優秀なバウンティハンターでもあり、捕らえた被疑者のボタンを収集することを趣味にしている。完璧主義者で自分に間違いはないと考えていたが、周囲に対して徐々に心を開く。

仮面ライダーイクサ

22年間で欠点を補われたイクサシステムの完成形

イクサ装着者(2008年時点)

麻生 恵

(出演／柳沢なな)

ファッションモデルをしながら、ファンガイアと対決する。

母親譲りの負けず嫌いで、イクサに変身してファンガイアを撃破。

↑敵を挑発し、攻撃のチャンスを探る。

↑イクサカリバー ガンモードで敵を射撃。

↑カリバーモードは、敵を一刀両断にできる剣。

セーブモード

変身直後のモードだが、2008年時点ではこの形態での戦闘はない。

バーストモード

イクサの初期完成形態で、常人の数十倍の戦闘力を発揮し、全身を覆うアーマーはダイヤモンドに匹敵する強度と2000℃の耐熱性を誇る。

イクサ装着者(2008年時点)

襟立健吾

(出演／熊井幸平)

名護に代わり、一時的にイクサを装着する。

ライジングイクサ

イクサシステムの強化完全形態。動力源であるイクサエンジンのパワーが最大限まで引き上げられたことにより、強烈な腕力・脚力が確保された。

専用武器・イクサライザーで、必殺技ファイナルライジングブラストを放つ。

バーストモードからライジングイクサへと更なるヴァージョンアップ!

1986年に開発されたシステムを"素晴らしき青空の会"が22年間をかけて改良を重ねて完成させた形態であり、登場直後のセーブモードから戦闘形態のバーストモード、強化形態のライジングイクサに変身できるようになった。

登 太牙

大企業D&Pの社長を務めるファンガイアの若きキング！

（出演／山本匠馬）

少年時代の太牙

幼い渡を助け、一緒に遊んだこともあった。

↑変身前のみ専用の大型バイクに搭乗し、活動する。

↑再会当初は、渡が異父兄弟であることを知らなかった。

↑人間の進化に貢献しそうな者を抹殺することも重要使命。

↑結婚式の最中、渡を愛する深央によって殺害されそうになり、心に傷を負う。

紅 渡の異父兄弟！

先代キングとクイーンの真夜との間に誕生した青年で、紅 渡の異父兄弟にあたる。2008年時点でのファンガイアの頂点に君臨する若きキングであり、人間社会では大企業ＤＥＶＥＬＯＰＭＥＮＴ＆ＰＩＯＮＥＥＲ社の社長も務めている。人間を家畜以下の存在と思っていたが、渡との再会で考え方を変えていく。

↑キングの使命としてファンガイアの謀反者を処分。

サガーク

ファンガイアのキングを護衛するメカ生命体。古代ファンガイア語で太牙と会話する。

マザーサガーク

サガが召喚する巨大モンスターで、体内に1000体もの量産型サガークを搭載している。

ククルカン

サガの眷族で、体長22mを誇る大蛇の怪物。空中を飛行し、頭部から光弾を撃ち出す。

↑鈴木深央と結婚し、次世代のファンガイア族を束ねようとしていたが？

仮面ライダーサガ

登太牙が装着する蛇の力を内包した鎧！

↑キバ以上の戦闘力・能力を秘めた強敵である。

↑ジャコーダーはロッドからビュートに変形する。

ファンガイア族の謀反者を処刑する！

キバ、ダークキバの鎧が生まれる以前にファンガイアのキング専用武具として製作された鎧で、蛇のパワーを内包している。2008年時点のキング・登太牙が装着し、ファンガイアに逆らう人間や一族の誇りを失った者を抹殺するため、変身道具・専用武器のジャコーダーで必殺技・スネーキングデスブレイクを決める。

ウェイク

過去から現在へと続

"人類の敵"と認識されてきたキバが登場し、ファンガイアから麻生恵を救出する。

1986年と2008年、戦いは同時に進行！

1986年の世界で展開する紅 音也（イクサ）vs.ファンガイアと、2008年で繰り広げられる紅 渡（キバ）vs.ファンガイアの戦いは、22年間という時間を隔てて同時に進行する。果たして人類は天敵の脅威から逃れられるのか？

↑渡は意識しないままキバに変身し、敵を粉砕していた。

↑ガルルの力を借り、魔獣形態となって強敵に挑んだ。

↓ガルル、バッシャー、ドッガの力を得てドガバキフォームが完成する。

↑イクサは、キバを敵と見なし、抹殺しようと攻撃を仕掛ける。

↑"青空の会"のイクサを戦いに投入し、怪人を撃破。

↑怪力を誇るライノセラスに対抗するため、ドッガフォームに変身。

アップ！

く魔族との激突！

1986年の世界ではイクサ（音也）とガルルが共闘。強敵、ライオンファンガイアに挑戦していた。

↑ライジングイクサが参戦し、強敵を攻撃。

↑恵がイクサになり、憎い宿敵を倒した。

↑キバもエンペラーフォームの超戦力を発揮し、強力なファンガイアを次々と粉砕していく。

ファンガイアの若きキング・太牙が変身するサガと対決。だが、キバはその正体をまだ知らない。

↑お互いを異父兄弟と認識したキバとサガが激突。その影響で更に悲劇が起こる。

←渡がキバ、音也がダークキバに変身。力を合わせてキングを粉砕。

→視力が低下したライジングイクサは、恵のナビゲートでスワローテイルファンガイアを倒す。

↑お互いを理解した渡と太牙は、キバとダークキバに変身。現代に復活したキングの怪物に挑む。

↑新たに手に入れた戦力、ザンバットソードでファンガイアを葬り去る。

↑1986年の世界。音也がイクサに変身し、無謀にもダークキバに戦いを挑む。

←キングに苦戦するイクサ（音也）を救うため、キバが1986年に来た。

↑キバとダークキバの鉄拳が空中で激突し、激しい爆発が発生する。

兄弟の力と想いが漲ったパンチが、恐るべき悪魔を砕く。

マシンキバ

キバットバットⅢ世が渡に与えた真紅の鉄馬

↓動力源は魔皇力で367.5kWの最大出力を誇る。

↑キバに変身する前、紅 渡の姿でもマシンキバーで現場に駆け付ける。

↑キバットバットⅢ世により、"真紅の鉄馬"とも名づけられた。

↑ファンガイアめがけて猛突進し、前輪で跳ね飛ばす戦法を敢行する。

馬のモンスターの頭脳を内蔵!

仮面ライダーキバ専用のモーターサイクルで、キバット族の工芸の匠・モバット16世が製作した最強の鉄馬と言われている。高速走行中、車体がシャドウベールという透明のバリアーに包まれ、外部からの衝撃や攻撃から搭乗者のキバを守る。最高時速520km。

↑超音波を発し、キバと意思の疎通を図る。

↑イクサの適性がない者には1/10の性能も引き出せない。

→車体に熱源探知型のホーミング弾やレールガンを換装できる。

イクサリオン

"戦獅子"とも呼ばれるイクサ専用マシン！

↑マシンキバーを自走させ、敵と対決する事も可能である。

パワードイクサー

対巨大ファンガイア用に開発された戦闘用ビークル。

高出力を生み出す次世代エンジンを搭載！

"素晴らしき青空の会"が設計・開発したイクサシステムの一角を成すハイパーモーターサイクルで、別名は戦獅子。現在の二輪の頂点ともいえる技術が全て注ぎ込まれたモンスターマシンであり、最大出力477.75kW、最高時速753kmをマークする。

主要登場人物

嶋護 〔出演／金山一彦〕

ファンガイアに対抗する民間組織"素晴らしき青空の会"の会長を務める。

木戸明 〔出演／木下ほうか〕

"青空の会"のメンバーが集まる店"カフェ・マル・ダムール"のオーナー。

野村静香 〔出演／小池里奈〕

内向的な渡の面倒をみている14歳の少女。"イケメンズ"のドラム担当。

仮面ライダーダークキバ

ファンガイアのキングが身に纏う"闇のキバ"！

キング
（出演／新納慎也）

1986年時点でファンガイアの頂点に立つ者。太牙の父親でもある。

キバットバットⅡ世

噛みついた者にダークキバの力を与える。キバットⅢ世の父親。

↑レジェンドルガを始めとする13魔族の根絶を目的に、戦いに明け暮れる。

↑2008年時点では太牙がダークキバに変身し、キバとともに強敵に挑んだ。

↑フエッスルを吹かせ、必殺技を発動。

ダークキバ装着者（1986年）
紅音也
（出演／武田航平）

1986年に装着。バットファンガイアに挑む。

ダークキバ装着者（2008年）
登太牙
（出演／山本匠馬）

バットファンガイアリボーンと対決した。

キバエンペラーフォームと同等の戦闘力を有する！

ファンガイア族が所有する最強の鎧で、"闇のキバ"の別名を持つ。全身を紅く染め上げてしまうほどの強大な魔皇力を内包し、装着者たるキングの力を掛け合わせることで悪魔のごとき無類のパワーを発揮する。

レジェンドルガ

が変身する仮面ライダー

白峰天斗
（出演／山本匠馬）

レイに変身する〝3WA〟の戦士だが、レジェンドルガに魂を売り、悪の使いとなる。

↑麻生母子を人質にし、キバを罠に陥れる。

レイキバット

レイシステムを制御している、キバット型のロボット。変身アイテムとしても使用。

↑技は、ブリザードクロー・エクスキュージョン。

仮面ライダーアーク

強力な魔族・レジェンドルガの頂点に立つ王（ロード）のみが装着できる巨大な鎧。かつてダークキバの力によって封印されたが、資格者である杉村 隆が覚醒し、復活を遂げる。

杉村 隆
（出演／堀内 健）

刑務所に収監されていた凶悪犯で、アークに変身する資格を持つ。

↑額の魔皇石から放つエネルギー弾、キックで敵を粉砕。

仮面ライダーレイ

対ファンガイア組織〝3WA〟がキバの戦力・特性を研究し、開発した人造仮面ライダーシステム。冷気属性の戦士で、周囲に雪を撒き散らしながら敵と対決する。武器は腕から伸ばすギガンティック・クロー。

アークキバット

キバットに似せて作られたメカモンスター。アークが覚醒すると外装が取れる。

レジェンドアーク

アークが月の眼の力を得てウェイクアップした、究極形態。翼から光弾を発射する。

ファンガイア

太古の昔より社会の隙間に潜み、生物の持つ命の糧・ライフエナジーを吸収して生きてきた、人間の天敵ともいうべき生物。通常は人間の姿に変身しているが、獲物を襲う際には動植物のような形態になり、攻撃を仕掛けてくる。

スパイダーファンガイア

（出演／糸矢僚 創斗）

インセクトクラスに属する蜘蛛の怪人。ウェッブを用いた攻撃が得意。

ホースファンガイア

（声の出演／塩野勝美）

（出演／津上カオル 姜暢雄 声の出演／沖佳苗）

ビーストクラスに属する馬の怪人。自身の体から生成した剣を振るう。

オクトパスファンガイア

（出演／宮澤ひとみ 梅宮万紗子）

アクアクラスに属する蛸の怪人。触手で敵を拘束し、怪力で締め上げる。

モスファンガイア

（声の出演／山崎依里奈）

（出演／夏川綾 橘実里）

インセクトクラスに属する蛾の怪人。全身から炸薬鱗粉を撒き散らす。

シープファンガイア

（声の出演／塩野勝美）

（出演／倉前昂 篠田光亮）

ビーストクラスに属する羊の怪人。銃による射撃と突進が戦力である。

プローンファンガイア

（声の出演／塩野勝美）

（出演／犬飼伯爵 咲輝）

アクアクラスに属する海老の怪人。炸薬泡を噴射し、敵の体を爆破する。

六柱のサバト

プローンファンガイアと彼に仕える5人の執事が融合・復活した姿。

フロッグファンガイア

（出演／大村武男 村井克行）

アクアクラスに属する蛙の怪人。強い脚力を持ち、50mも跳躍できる。

イヤーウィッグファンガイア

（声の出演／塩野勝美）

鋏虫（はさみむし）の怪人。鋭いシザーアームで敵を切り裂く。

ライノセラスファンガイア

（出演／三宅徹 神保悟志 声の出演／千々和竜策）

ビーストクラスに属する犀の怪人。凄まじい腕力と体力を誇っている。

ライオンファンガイア

（出演／ルーク 高原知秀）

ライオンの怪人で、ファンガイア一族最強のチーム・チェックメイトフォーのメンバー。

シースターファンガイア

（出演／坂口佐吉 紀伊修平）

アクアクラスに属するヒトデの怪人。標的とする人物めがけて、強烈な稲妻を落とす。

レディバグファンガイア

（声の出演／中尾隆聖）

インセクトクラスに属する天道虫の怪人。空中から敵に襲いかかる。

カメレオンファンガイア

（出演／山下 柳ユーレイ 声の出演／酒井敏也）

リザードクラスに属するカメレオンの怪人。擬態能力を持ち、周囲の景色に溶け込む。

グリズリーファンガイア

（出演／水橋研二 竹内伸二）

ビーストクラスに属するヒグマの怪人。怪力の持ち主だが、その性格はきわめて温厚。

シャークファンガイア

（声の出演／遠藤大輔）

鮫の怪人で、水中戦を得意としている。

シケーダファンガイア

（声の出演／三宅貴史）

油蝉の怪人。トリッキーな攻撃が得意。

クラブファンガイア

（声の出演／増田隆之）

渡り蟹の怪人。巨大な鋏で敵を切断。

ウォートホッグファンガイア

（出演／阿鐘（アベル） 窪寺昭）

ビーストクラスに所属するイボイノシシの怪人。高い攻撃力・防御力を持った強敵。

レジェンドルガ

ファンガイアを凌駕する力を秘めた、最凶・最悪の怪物種族である。

マミーレジェンドルガ

（声の出演／大川透）

ミイラ男の怪物。包帯で敵を拘束する。

マンドレイクレジェンドルガ

（声の出演／塩野勝美）

マンドラゴラの怪物。蔦で敵を攻撃。

ガーゴイルレジェンドルガ

（声の出演／藤田圭宣）

ガーゴイルの怪物。桁外れの腕力を発揮。

パールシェルファンガイア

鈴木深央

（出演／芳賀優里亜）

アクアクラスに属する真珠貝の怪人。キバに匹敵する戦闘力を持つが、争いを好まない。

真夜

（出演／加賀美早紀）

パールシェルファンガイア

1986年時点のクイーン・真夜が変身する真珠貝の怪人で、チェックメイトフォーの一員。掌から〝制裁の雷〟を放射する。

メデューサレジェンドルガ

サヤカ

（出演／ギャル曽根）
（声の出演／篠原恵美）

蛇女の怪物で無類の大食漢。全身に仕込んだ毒蛇を飛ばしてくる。

アントライオンファンガイア

マミーレジェンドルガにコントロールマスクをつけられ、暴れた。

ゼブラファンガイア

三条刑務官

（出演／関智一）

縞馬の怪人。怪力で敵を追い詰め、脚で踏みつぶす戦法を得意とする。

ムースファンガイア

黒沢

（出演／和興）

ビーストクラスに属するヘラジカの怪人。巨大な角で敵の体を紙のように引き裂く。

トータスファンガイア

沼川

（出演／坂本真）
（声の出演／石山東光）

リザードクラスに属する陸亀の怪人。両腕のシェルシールドを合わせ、攻撃を跳ね返す。

ホースフライファンガイア

楓

（出演／宮子ともみ）
（声の出演／峯香織）

インセクトクラスに属する虻の怪人。指先に仕込んだ毒針で敵を刺し、体を麻痺させる。

スワローテイルファンガイア

ビショップ

（出演／村田充）

アゲハ蝶の怪人で、チェックメイトフォーの参謀的な位置に立つ。口から鱗粉を放射。

（声の出演／石野竜三）

ラットファンガイア

ビーストクラスに属する鼠の怪人。3体以上の群れで行動し、敵を攪乱しながら襲いかかる。

マンティスファンガイア

（声の出演／武虎）

蟷螂の怪人。大鎌を振り回し、敵を切り裂く。

再生ファンガイア

マンティスファンガイアの能力で再生復活した。

シームーンファンガイア

（声の出演／石上裕一）

海月の怪人。頑強な触手で敵を捕らえ、絞め殺す。

サンゲイザーファンガイア

嶋護

（出演／金山一彦）

太牙が嶋の体を使って誕生させた、鎧蜥蜴の怪人。凄まじい腕力と高速走行能力を有する。

シルクモスファンガイア

（声の出演／勝生真沙子）

〝迷いの森〟の番人を務める、蚕蛾の怪人である。

ポーラベアーファンガイア

（声の出演／江川大輔）

北極熊の怪人。鋭い剣を使用し、真夜を襲った。

バットファンガイア

キング

（出演／新納慎也）

チェックメイトフォーのキングにして、ファンガイアのトップに君臨する蝙蝠の怪人。

再生ファンガイア集団

再生復活した怪人集団。キバとサガを襲撃した。

バットファンガイアリボーン

（声の出演／酒井敬幸）

ビショップの命で復活した、キングの蝙蝠怪人。

ネオファンガイア

2030年の世界に出現し、2008年へ攻撃を仕掛けてきた新タイプのファンガイアだが、詳細は不明。

2009年（平成21年）1月25日～
8月30日放映（以後劇場作品公開中）

製作スタッフ
原作／石ノ森章太郎　スーパーバイザー／小野寺章（石森プロ）　プロデュース／梶淳・本井健吾（テレビ朝日）白倉伸一郎・武部直美・和佐野健一（東映）　共同プロデュース／宇都宮孝明・大森敬仁（東映）プロデュース補／大森敬仁・郷田龍一（東映）　脚本／會川昇・米村正二・井上敏樹・小林靖子・古怒田健志監督／田﨑竜太・金田治・長石多可男・石田秀範・柴﨑貴行・田村直己（テレビ朝日）　特撮監督／佛田洋アクション監督／宮崎剛（ジャパン・アクション・エンタープライズ）　音楽／鳴瀬シュウヘイ・中川幸太郎　撮影／松村文雄・倉田幸治ほか　照明／西田文彦・斗沢秀　録音／中前哲夫・村山正輝ほかVE／深沢雄壽・佐々木基成ほか　美術／大嶋修一　装飾／小宮孝司（東京美工）　装置／大野茂（紀和美建）　小道具／前田亮・奥村泰造ほか　FC／高田陽幸・植竹篤史　CA／木村明代・李徳勲ほかメイク／佐藤泰子・奥村弘子（サンメイク）ほか　衣裳／村上晶子・中川春香（東京衣裳）ほか　操演／高木友善（ライズ）　助監督／伊藤良一・山口恭平ほか　スクリプター／堀ヨシ子・柿崎徳子ほか進行主任／東正信・板垣隆弘ほか　制作進行／本間隆廣・白土圭介ほか　カースタント／西村信宏（タケシレーシング）　編集／須永弘志　AP／郷田龍一　EED／緩鹿秀隆（TOVIC）　MA／曽我薫（東映東京撮影所）　選曲／金成謙二（ドン・カンパニー）　音響効果／大野義彦（大泉音映）　キャラクターデザイン／早瀬マサト（石森プロ）・小林大祐・阿部統（PLEX）　クリーチャーデザイン／篠原保・出渕裕・韮澤靖・青木哲也・雨宮慶太　資料担当／飯田浩司（石森プロ）　造型／（株）ブレンドマスター　キャラクター管理／中村豊　特撮スーパーバイザー／足立亨　VFXアーティスト／長部恭平・鈴木嘉大ほか　CGデザイナー／熊本周平・能沢論（東映アニメーション）ほか　絵コンテ／なかの★陽　制作担当／富田幸弘　技術業務／八木明広　制作デスク／道木広志・武中康裕　制作業務／秋葉実鈴　制作／テレビ朝日・東映・ADK

"破壊者"！

並行世界を巡り、全てを繋ぐ

仮面ライダーディケイド
MASKED RIDER
D C D

門矢士

（出演／井上正大）

写真を撮ることだけが苦手な
自称〝カメラマン〟！

↑旅に同行する少女、光 夏海が繰り出す秘技、〝笑いのツボ〟がかなり苦手。

↑自分の世界ではない場所で撮影をすると、写真が歪む。

↑それぞれの並行世界で、士の立場や役割が決まっている。

→〝シンケンジャーの世界〟で黒子になる。

ライダーカード
ディケイドライバーにセットし、変身のパワーを発動させる。

→モモタロスに憑依され、電王に変身した。

〝世界〟を融合による消滅から救う青年！

光写真館に居着いてしまったカメラマンで、「写真を撮ること以外、苦手なものはない」と言い切る自信過剰気味な20歳の青年。記憶をなくしているが、〝世界〟を融合による消滅から救うという使命を与えられ、様々な並行世界を旅しながら事件を解決していく。

↑大ショッカーの計略にはまり、組織の大首領としてライダーを倒す。

仮面ライダーディケイド

通りすがりの"仮面ライダー"！

ディケイドクウガ

ドラゴンフォーム

マイティフォーム

ペガサスフォーム

タイタンフォーム

基本形態のマイティから3種のフォームに超変身し、キバと戦う。

カメンライド、フォームライド

カメンライドのカードでほかの仮面ライダーへと変身し、フォームライドのカードでフォームチェンジをして敵と対決。

ライダーカードの力で 9人の戦士にカメンライド！

並行世界を旅する次元戦士で、専用武器・ライドブッカーに収納しているライダーカードを使い、状況に応じて9人の仮面ライダー（クウガ〜キバ）へも変身。世界を救おうとするが、ほかのライダーには"破壊者"と認識されている。

↓光のカードを突き破り、ディメンションキックを決める。

↑数体の分身体を発生させて、敵に一斉攻撃を仕掛ける。

ディケイド激情態

全ての破壊者という役割を受け入れ、悪鬼の形相となる。

↓ライドブッカーはガンモードやソードモードなどに変形。

↓"響鬼の世界"では、音撃棒で敵にファイナルアタックライドを打ち込む。

グランドフォーム

ストームフォーム

フレイムフォーム

ディケイドアギト
電王との決戦で変身。キック技や武器を使用しての戦闘を見せた。

ディケイド龍騎
アンデッドや魔化魍との対決の際に変身。現実世界で戦った。

ディケイドファイズ
世界の融合が始まった時や"カブトの世界"などで変身。アクセルフォームへもチェンジし、仮面ライダーザビーと高速戦闘を展開した。

アクセルフォーム

ディケイドブレイド
"ファイズの世界"と"アギトの世界"で変身し、敵を倒す。

ディケイド響鬼
世界の融合の時点で変身。強烈な音撃を放ち、魔化魍を粉砕する。

ライダーフォーム

ディケイドカブト
"響鬼の世界"と世界の融合が始まった時に変身。剣を振るった。

ソードフォーム

プラットフォーム

アックスフォーム

ガンフォーム

ディケイド電王
"カブトの世界"などで変身するが、戦いではあまり役に立たない。

キバフォーム

ガルルフォーム

バッシャーフォーム

ドッガフォーム

ディケイドキバ
"龍騎の世界"で仮面ライダーナイトと対決する際に変身した。

コンプリートフォーム
ディケイドが専用ツールのケータッチとコンプリートカードを使用し、強化変身した形態で、ディケイドの真の姿でもある。

↑ジャンボフォーメーションに巨大変身した。　↑ライダーを召喚。その戦士の必殺技を使う。

カメンライド
コンプリートフォームが新しいカメンライドのカードを使い、発動させる能力。仮面ライダーたちの最強フォームを召喚する。

ブラスターフォーム

ファイズ
ファイズブラスターで必殺技を決める。

キングフォーム

ブレイド
"シンケンジャーの世界"で活躍した。

装甲響鬼

響鬼
装甲声刃を振り回し、巨大な敵を撃破。

ハイパーフォーム

カブト
強烈な剣技やキックを敵に繰り出す。

シャイニングフォーム

アギト
"RXの世界"に登場。衝撃波を発射。

龍騎サバイブ

龍騎
ドラグブレードで悪のライダーを倒す。

ライナーフォーム

電王
デンカメンソードでチノマナコを粉砕。

エンペラーフォーム

キバ
"ディエンドの世界"で怪人集団と対決。

マシンディケイダー

次元の壁をも突破可能！

↑敵の放った光弾の直撃にも耐える、強固な車体。

アタックライド

アタックライドのカードでほかのライダーマシンに変形させたり、武器を出すことが可能である。

オートバジン バトルモード
夏海をオルフェノクから守るために変形させた。

ギガント
仮面ライダーJを攻撃する際に使用した。

サイドバッシャー
バトルモードに変形させ、ミサイルを発射した。

オートバイに酷似した万能次元移送機！

ディケイドが使用する、オートバイに酷似した次元移送機。陸海空や宇宙空間だけでなく、あらゆる並行世界を走行する事ができる。最高時速は350km。

ファイナルフォームライド

ファイナルフォームライドのカードには、仲間となった9人の仮面ライダーを武器に変形させ、敵を攻撃する能力がある。

クウガゴウラム
クウガが変形した、巨大クワガタ型メカ。空中を飛行。

アギトトルネイダー
アギトがスライダーモードに変形。ディケイドが乗る。

リュウキドラグレッダー
龍騎がミラーモンスターの姿に変形。火炎を放射する。

ファイズブラスター
ファイズが変形する大型光線銃。あらゆる物体を粉砕。

ブレイドブレイド
ブレイドが変形した、鋭く巨大な剣。

ヒビキアカネタカ
響鬼が変形した音式神型メカ。

ヒビキオンゲキコ
巨大な音撃武器。響鬼が変形。

ゼクターカブト
カブトが変形するカブトムシ型メカ。角で地中を掘る。

モモタロス
カメンライドで召喚した電王をさらに変身させた姿。

キバアロー
キバが変形した巨大な弓。鋭い矢を敵めがけて発射する。

仮面ライダークウガ

↑マイティフォームの必殺技は、空中から繰り出されるマイティキックである。

小野寺ユウスケ

（出演／村井良大）

好意を寄せる女性刑事を守るため、クウガに変身してグロンギと対決していた。

ドラゴンフォーム

ドラゴンロッドで敵を叩きのめす。

ペガサスフォーム

ペガサスボウガンを使う射撃戦士。

タイタンフォーム

巨大剣タイタンソードを振り回す。

アルティメットフォーム

怒りの意志に支配された際の姿。

ダークアイ

ライジングアルティメット

クウガの最強形態。全身に電気エネルギーが漲っている。

ダークアイ

ライジングクウガゴウラム

ライジングアルティメットが変形した、強化クワガタ型メカ。

マイティフォーム

クウガの基本形態といえる形態で、戦力・能力のバランスに優れている。武器を使用せず、格闘戦で敵を倒す。

ディケイドと対決することもあった！

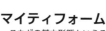

士（ディケイド）が最初に訪れた並行世界で出会った仮面ライダー。最初はディケイドと対立したが、グロンギ集団との戦いで心を通わせ、彼の旅に同行するようになる。霊石アマダムを秘めたベルト、アークルで基本形態に変身し、戦況に応じて更に特殊能力を持つフォームや最強形態に超変身する。

門矢 士の旅に同行する別世界のライダー！

トライチェイサー2000

クウガが警視庁から託された次世代型白バイ。最高時速300km。

（出演／戸谷公人）

海東大樹

各世界の"お宝"を狙うトレジャーハンター!

門矢 士の過去を知る者!

自身の審美眼に適う "お宝" を探して並行世界を旅する、神出鬼没のトレジャーハンター。しかし、モラルを大きく逸脱するような事はなく、意外とお人好しな面も見せる。門矢 士の過去を知る人物でもあり、彼と接触してからは旅に同行するようになった。

↑「士はナマコが苦手!」と言っていたが、実は本人が駄目だった。

↑ "アギトの世界" でG3-Xを装着し、その性能を存分に発揮する。

↑ディエンドライバーとカメンライドのカードでディエンドに変身。

仮面ライダー轟鬼
"ブレイドの世界" に登場した音撃戦士。

仮面ライダー歌舞鬼
オルフェノクとの対決に投入した。

仮面ライダーキバ
鳴滝が召喚するリュウガと戦わせた。

仮面ライダーデルタ
未確認生命体との戦闘時に召喚される。

仮面ライダーブレイド
アンノウン集団を蹴散らす際に召喚。

仮面ライダーサソード
モモタロスが変身した電王と激突。

ライオトルーパー
集団で登場し、イマジンの進撃を防ぐ。

仮面ライダーG3
室町時代で電王たちに襲いかかる。

仮面ライダーイクサ
カブトのシステムを奪うために召喚。

仮面ライダーサイガ
イクサと同時に出現し、暴れ回る。

仮面ライダーシザース
シンケンゴールドと対決し、敗れる。

仮面ライダーライア
チノマナコに突かれ、倒れてしまう。

仮面ライダーファム
仮面ライダーBLACKと戦わせる。

仮面ライダーBLACK
"RXの世界" に召喚され、共闘する。

仮面ライダーガイ
王蛇の攻撃を防ぐために呼び出された。

仮面ライダーパンチホッパー
キックホッパーと戦わせた戦士である。

仮面ライダーレイ
歌舞鬼とともにオルフェノクを攻撃する。

仮面ライダードレイク
デルタとともに敵を射撃で粉砕していく。

仮面ライダーサガ
サソードと協力し、電王を追い詰める。

仮面ライダー王蛇
ベノサーベルを振りかざし、相手を攻撃。

仮面ライダーコーカサス
G3、王蛇と協力し、襲撃してくる。

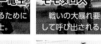

仮面ライダー電王
鬼合戦をするために召喚された戦士。

モモタロス
戦いの大暴れ要員として呼び出される。

仮面ライダーヘラクス
ディケイドの行動を妨害する戦士。

仮面ライダーケタロス
ヘラクスと協力し、ディケイドを攻撃。

仮面ライダー威吹鬼
十面鬼を倒すために召喚される。

仮面ライダー斬鬼
アポロガイストに挑戦した音撃戦士。

仮面ライダーJ
ディエンドの「とっておきのお宝」。

カメンライド
カメンライドのカードに描かれた仮面ライダーを召喚し、自身の配下として操る能力。召喚された戦士たちの戦力は、本体と同等。

仮面ライダーディエンド

ディケイドのライバルライダー！

↑カードをディエンドライバーに入れ、攻撃。

↑アタックライドで分身体を発生させる。

コンプリートフォーム

時間警察から託されたケータッチとカードで強化変身。

仮面ライダーを苦しめた強敵戦士を、一斉に召喚できる。

ほかのライダーを召喚！
ディケイドより以前から並行世界を旅する「通りすがりの仮面ライダー」だったらしい。高い戦闘力を有しているが、カメンライドのカードでほかの戦士を召喚して敵を襲うという、やや卑怯な戦法が得意。

ライダー大戦！

様々な世界で繰り広げ ″破壊者″ の戦い！

↑クウガと対決しながらも心を通わせ、怪人と戦う。

↑グロンギ集団を倒すため、超戦力を発揮する。

↑最終戦争 ″ライダー大戦″ が勃発し、多くの戦士がディケイドに倒される。だが、これは夏海の夢。

←ファンガイアの前の王が変身したドガバキフォームの猛攻に苦しむ。

↓ ″ブレイドの世界″ では2体のアンデッドに挑む。

↑ファイズギアを巡ってディエンドと激しく対立する。

↑龍騎と協力して、アンデッドが変身した仮面ライダーアビスを追い詰め、粉砕した。

←ディケイド、G3-X、アギトの3戦士が共闘し、アンノウンと対決。

↑モモタロスを召喚し、力を合わせてアリゲーターイマジンの野望を粉砕する。

↑ディケイドは、"カブトの世界"でフィロキセラワームと対決。敵の人類滅亡計画を粉砕する。

←少年が変身した響鬼に力を貸し、戦士として成長させた。

→"ネガの世界"でコンプリートフォームの力を得た。

←"ディエンドの世界"に辿り着き、海東の過去を知る。

→"シンケンジャーの世界"で、仮面ライダーとスーパー戦隊が共闘。

↓世界制覇をもくろむ大ショッカーの戦士、アポロガイストと激戦を繰り広げ、勝利を得る。

↓遂に大ショッカーとの大決戦が開始。25人の仮面ライダーが結集する。

↑"アマゾンの世界"にも大ショッカーの魔手が伸びていた。

↓激情態となり、ほかのライダーと対決する事になる。

↑アポロガイストを倒すが、悪との戦いは終わらない。

自分の居場所を探すための旅!

　門矢士（ディケイド）の旅は、融合による消滅から世界を救う事と同時に、自分が存在できる居場所を探すためのものだった。ようやく自分の世界に辿り着くことができたが、そこに存在する敵・大ショッカーを粉砕し、新たな旅を始める。それが、ディケイドの宿命なのだろう…◦◦◦◦◦。

→9人の仮面ライダーと力を合わせ、スーパーショッカーを撃破。

並行世界の仮面ライダーたち

自身の世界で対決を続ける者！

キバフォーム

ガルルフォーム

バッシャーフォーム

ドッガフォーム

ワタル

（出演／深澤嵐）

仮面ライダーキバ

ファンガイアに君臨する者に受け継がれる王の鎧を、ワタルが装着した姿。モンスターの力を宿した3種の形態にもチェンジ。

ドガバキフォーム

3体のモンスターを吸収したビートルファンガイアが変身。

仮面ライダーブレイド

剣立カズマ

（出演／鈴木拡樹）

BOARD社のスピードのランクA社員・カズマが変身した戦士。

仮面ライダーカリス

四条ハジメ

（出演／累央）

アンデッドと手を握る、悪の戦士。BOARD社長、ハジメが変身。

仮面ライダーギャレン

菱形サクヤ

（出演／成松慶彦）

ダイヤのランクA社員、サクヤが変身。アンデッドを封印していた。

仮面ライダーレンゲル

黒葉ムツキ

（出演／川原一馬）

新たにクローバーのランクAになったムツキが変身。仲間を裏切る。

仮面ライダーファイズ

尾上タクミ

（出演／制野蔵右）

ウルフオルフェノク

自身がオルフェノクであることを隠していた高校生・タクミが変身。ガールフレンドの夢を守るために戦う。

仮面ライダー龍騎

シンジが変身した戦士。仮面ライダー裁判に参加する。

辰巳シンジ

（出演／水谷百輔）

仮面ライダーナイト

編集長を殺害した真犯人を捜している。レンが変身する。

羽黒レン

（出演／北村栄基）

仮面ライダーシザース

仮面ライダーゾルダ

仮面ライダーライア

仮面ライダーガイ

仮面ライダーベルデ

（出演／岡野友信）

仮面ライダータイガ

裁判で自分の主張にそった評決を得るため、ミラーワールドでバトルを展開するライダーたち。契約したモンスターの力を借りる者も多い。

仮面ライダーインペラー

仮面ライダーオーディン

仮面ライダーアビス

鎌田

（出演／入江雅人）

"龍騎の世界"を侵食しにきたパラドキサアンデッドの鎌田が変身する、悪のライダー。

仮面ライダーアギト

グランドフォーム

芦河ショウイチ

〈出演／山中聡〉

ショウイチが変身する、人類の完全進化形態。超越肉体を発動させ、凶暴なアンノウンを粉砕。

エクシードギルス

アギトに変身する以前の不完全形態戦士。

仮面ライダーG3

ショウイチが警察官時代に装着していた。

仮面ライダーG3-X

専任の装着員が変身したが、制御が困難。

八代の部下

〈出演／栗原功平〉

ガードチェイサー

G3-Xの専用マシン。敵を追跡する。

仮面ライダー電王

ソードフォーム

ロッドフォーム

アックスフォーム

ガンフォーム

時の歪みにより、実体を失ったモモタロスたちが、小野寺ユウスケや光夏海に憑依し、変身した姿。ディケイドと対決した。

仮面ライダー響鬼

ヒビキ

〈出演／デビット伊東〉

アスム

〈出演／小清水一揮〉

ヒビキが変身する音撃戦士。だが、ヒビキが魔化魍になってしまい、弟子のアスムが後を受け継いだ。

仮面ライダーカブト

ライダーフォーム

ソウジが変身する戦士。クロックアップの世界から戻れなくなっていた。

ソウジ

〈出演／川岡大次郎〉

マスクドフォーム

仮面ライダーガタック

ライダーフォーム

アラタ

〈出演／牧田哲也〉

マスクドフォーム

ZECT隊員のアラタが変身。ワームの脅威から人類を防衛。

仮面ライダーザビー

ライダーフォーム

弟切ソウ

〈出演／川岡大次郎〉

マスクドフォーム

ソウに擬態したワームが変身した人物。カブトの抹殺を企む。

仮面ライダー威吹鬼

威吹鬼流の師範・イブキが変身する強力な音撃射戦士。

イブキ

〈出演／渋江譲二〉

仮面ライダー轟鬼

トドロキが変身。音撃道をひとつにする理想に燃える。

トドロキ

〈出演／川口真五〉

仮面ライダー斬鬼

斬鬼流師範・ザンキが変身。音撃弦で敵を倒す。

ザンキ

〈出演／松田賢二〉

仮面ライダー天鬼

イブキの一番弟子、アキラが変身。音撃管を受け継ぐ。

アキラ

〈出演／秋田奈々〉

並行世界の仮面ライダーたち

仮面ライダーダークキバ

"ネガの世界"を牛耳っているリーダー格の戦士で、怪人や雑魚ライダーをも管理していた。

（出演／武田航平）
紅音也

仮面ライダーダークカブト

（出演／森陽太）
青柳和良

自分が殺害した青柳に変身し、夏海をだます。高速活動を得意とするライダー。

仮面ライダーリュウガ

（出演／岩間太嗣）
佐藤博彦

夏海に失恋した経験を持つ佐藤になりすます。ドラグセイバーを武器にする。

仮面ライダーオーガ

（出演／坂本恵介）
坂田健児

坂田に変身し、夏海を欺いた。ファイズ プラスターフォームの力で倒される。

オルタナティブ

（出演／北山雅康）
田中

夏海の恩師、田中に化け、彼女の行動を監視していた。音也の命令に従う。

仮面ライダーグレイブ

（出演／黒田勇樹）
海東純一

海東大樹の兄、純一が変身する戦士。14に逆らう者をあぶり出すために反逆するふりをし、最終的には自身が支配者になろうとした。

仮面ライダーBLACK RX

ロボライダー
バイオライダー
南光太郎

クライシス帝国に拉致された友人を救出するため、1人で戦う"太陽の王子"。

仮面ライダーBLACK

RXに進化する以前の戦士。ゴルゴムと対決する。

（出演／倉田てつを）
南光太郎

仮面ライダーランス

グレイブを"最高のライダー"だと語った熱血戦士。

禍木慎

仮面ライダーラルク

（出演／杉浦太雄）

比較的、冷静な判断ができる女性戦士。大樹を信じる。

（出演／長谷部瞳）
三輪春香

仮面ライダーアマゾン

野生児の山本ダイスケが変身。ギギとガガの腕輪を装着し、スーパー大切断を撃ち込む。

（出演／エリケン）
山本ダイスケ

仮面ライダーブレイド キングフォーム

別の世界から来た、もう一人のブレイドで、剣崎が変身。ディケイドを襲った。

（出演／椿隆之）
剣崎一真

仮面ライダーキバ
キバフォーム

士（ディケイド）の旅を終わらせるため、ほかのライダーとともに攻撃した。

（出演／瀬戸康史）

紅渡

鳴滝による召喚

ディケイドを〝破壊者〟と断じる鳴滝が、オーロラの中から出現させた別世界の戦士。ディケイドに襲いかかる。

（声の出演／徳山秀典）

仮面ライダーキックホッパー
地獄兄弟の兄貴分。ディケイドとクウガの対決に乱入する。

（声の出演／内山眞人）

仮面ライダーパンチホッパー
キックホッパーとともに出現し、ディケイドに襲いかかった。

仮面ライダーカイザ

（声の出演／村上幸平）

自分の思い通りにならない者を邪魔と考える戦士。

仮面ライダーリュウガ

オーロラの中に閉じ込められた士に襲いかかる強敵。

仮面ライダー王蛇

（声の出演／萩野崇）

破壊と殺戮を好み、勝利のためなら手段を選ばない戦士。

仮面ライダーキックホッパー

（声の出演／徳山秀典）

大ショッカーが巻き起こす〝地獄〟を味わいたいと語る。

シャドームーン

門矢士を利用してほかのライダーを抹殺し、最終的に世界征服を画策していた張本人。剣技で敵を圧倒する。

（出演／GACKT）

結城丈二
大ショッカーを裏切り、単身で挑む科学者。

（出演／大浦龍宇一）

月影ノブヒコ

キバーラ
女性のキバット族で、実は鳴滝の手下。

（声の出演／沢城みゆき）

光 夏海

（出演／森カンナ）

仮面ライダーキバーラ
光夏海がキバーラの力を借りて変身。キバーラサーベルと〝笑いのツボ〟で敵戦闘員を撃破。

12人ライダー

スーパーショッカーの最強怪人・ドラスを粉砕するため、クウガからディケイドまでが集合。

25人ライダー

ディケイドとの〝ライダーバトル〟で倒されたが、正義の魂は死なず、大ショッカーとの最終決戦に結集した不滅の戦士たち。1号を中心に統制がとられ、怪人軍団と戦いを繰り広げた。ここにいない巨大戦士のJは、ディエンドがカメンライドで召喚。

侍戦隊シンケンジャー

外道衆の攻撃から人間社会を防衛するスーパー戦隊。ディケイドと協力してチノマナコを倒す。

電波人間タックル

岬ユリコが変身する、テントウムシ型改造人間。ウルトラサイクロンが必殺技。

（出演／広瀬アリス）

岬 ユリコ

主要登場人物

光 栄次郎

（出演／石橋蓮司）

夏海の祖父で、光写真館を経営。士たちとともに並行世界を旅する。

鳴滝

（出演／奥田達士）

世界を救うためにディケイドを抹殺しようと企む、謎の男性。

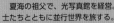

各並行世界の怪人、怪物

ディケイドが旅をする各並行世界に存在していた怪人たち。種族も様々だが怪人集団を統率する強敵も存在し、その世界を防衛している仮面ライダーと激しい戦いを繰り広げていた。

怪人集団

世界に融合の危機が訪れた際、"夏海の世界"に出現した。

グロンギ

最高位の怪人・ガミオを蘇らせるために、殺人ゲームを行った集団。

（声の出演／真殿光昭）

ン・ガミオ・ゼダ

グロンギの支配者。究極の闇を目指す。

ファンガイア

一族のキングが決めた人間との共存のルールを10年間守っていた。

（出演／池内万作）

ワタルの父

ビートルファンガイア

ファンガイアの元キングで、ワタルの父が変身した姿。鉤爪が武器。

契約ミラーモンスター

ミラーワールドに潜む怪物。ライダーバトルをする戦士たちと契約し、戦闘力・能力を与える。

アビスハンマー

アビスラッシャー

アビソドン

アビスハンマーとアビスラッシャーが合体して誕生した、鋸鮫の怪物。空中を移動して敵を攻撃。

アビスと契約している鮫の怪物。2体で突進戦法を行う。

アンデッド

"ブレイドの世界"に存在する不死生物。ライダーによってラウズカードに封印されていた。

ジョーカー

（出演／栗原英雄）

四条ハジメ

アンデッドと人間の細胞を合成して作りだされた、最強・最悪の不死生物。

パラドキサアンデッド

（出演／入江雅人）

鎌田

蟷螂の祖たる不死生物で、アビスに変身し、"龍騎の世界"でも暗躍した。

タイガーオルフェノク

（出演／三浦涼介）

百瀬

死んだオルフェノクを再生する能力を持つ、最強怪人。

ドラゴンオルフェノク魔人態

（出演／CHIKARA）

玄田

強力オルフェノク集団"ラッキークローバー"の一員。

センチピードオルフェノク

（出演／永岡卓也）

城金

長い鞭を振り回し、冷酷に敵を追い詰める戦法が得意。

ロブスターオルフェノク

（出演／花形綾沙）

朱川

サーベルで敵の体を切り裂く、残忍な性格の女性怪人。

オルフェノク

死亡した後、特殊な進化を遂げた人間。

アンノウン

人類が進化することを嫌う、創造主が送り出した怪人集団。

バッファローロード

タウルス・バリスタ

"至高のトリアンナ"と呼ばれる槍が武器。

（声の出演／鳥海浩輔）

グロンギ

"アギトの世界"に出現する超古代の怪人集団。警視庁のG3-Xに撃破される。

イマジン

精神体で、契約した者のイメージで実体化。

アリゲーターイマジン

"電王の世界"を消滅させようと企てる怪人。

（声の出演／三宅健太）

シルバラ

オニ一族のミミヒコが、鎧を装着した姿。

（声の出演／柳沢慎吾）

ゲルニュート

シルバラに同行し、様々な世界で悪事を働くミラーモンスターの集団。

ワーム
隕石に乗って飛来した地球外生物。人間に擬態し、社会に潜む。

フィロキセラワーム

（声の出演／望月健）

弟切ソウ
（出演／川岡大次郎）

ZECT隊長・弟切の真の姿。肩口から羽を伸ばし、空中を飛行する。

牛鬼

（声の出演／立木文彦）

ヒビキ
（出演／アビット伊東）

ヒビキが突如変化した伝説の魔化魍。巨体を生かした突進で敵を粉砕。

魔化魍

古来より人々に災いを撒き散らしてきた妖怪変化。各地に出現。

バケガニ変異体

岩をも砕く2対の鋏を武器とし、敵を切り裂く。鳴滝が操る。

ミラーモンスター

人間に変身して"ネガの世界"に出没。

ダークローチ
ボスローチ

コーカサスオオカブトムシの不死生物。

ボスローチの配下として暗躍する集団。

14（フォーティーン）

（出演／伊藤高史）

人間態

"ディエンドの世界"で、戦闘集団ローチを率いて人間を管理する巨大邪神。火球を発射する。

外道衆

三途の川に蠢く、外道に堕ちた魔物集団。人間界を狙う。

チノマナコ

（声の出演／大友龍三郎）

無数の目玉が集まったようなアヤカシ。目玉爆弾を撃つ。

チノマナコ ディエンド変身態

（声の出演／大友龍三郎）

チノマナコがディエンドライバーの力で強化変身した姿。

怪魔ロボット シュバリアン

（声の出演／稲田徹）

クライシス帝国の怪魔ロボット。爆裂弾を連射してくる。

サイ怪人

ゴルゴムから大ショッカーに派遣された怪人。巨大角が戦力。

アポロガイスト

（出演／川原和久）

人間態（ガイ）

大ショッカーの大幹部。パーフェクターを用いて人間の生命を吸収する。

十面鬼 ユム・キミル

（声の出演／石川英郎）

ゲドンの支配者。ライダーの技を跳ね返す。

イカデビル

（出演／石橋蓮司）

死神博士

死神博士が変身する烏賊の怪人。伸縮自在の触手を鞭のように振るう。

ガラガランダ

（出演／大杉漣）

地獄大使

ガラガラヘビの能力を備え、右腕の鞭で敵と戦う。地獄大使が変身する。

スーパーアポロガイスト

（声の出演／川原和久）

ライフエナジーを吸収した強化態。

ゾーンファンガイア

（声の出演／芳賀優里亜）

ユウキ
（出演／芳賀優里亜）

ファンガイアの若きクイーン。アポロガイストと契りを結ぼうとする。

ジャーク将軍

（声の出演／加藤精三）

クライシス帝国から派遣された剣客。

キングダーク

大ショッカーが開発した、巨大ロボット幹部。

大ショッカー怪人軍団

様々な悪の組織から選抜された怪人や戦闘員。ライダーに挑む。

スーパー死神博士

（出演／石橋蓮司）

スーパーショッカーの最高幹部。

ゾル大佐

鳴滝が大幹部に変身した姿。

蜂女

（出演／奥田達士）

蜂の改造人間。敵を毒針で刺す。

ドラス

（出演／及川奈央）

ネオ生命体

（声の出演／木城雄太郎）

スーパー死神博士が生み出したネオ生命体が戦闘用に作った金属生命体。

スーパークライス要塞

スーパーショッカーが誇る、超巨大飛行要塞。

メカマンモス

マンモス型の巨大戦闘メカ。

仮面ライダー大全　平成編　上
[キャラクター大全コンパクト]

2021年11月26日　第1刷発行

講談社編

編集・構成・執筆　小野浩一郎（エープロダクション）
デザイン　　　　　ガナス
コンパクトデザイン　飯田真紀（Heliopolis Inc.）
　　　　　　　　　ナックスタイル
監修　　　　　　　石森プロ・東映

発行者　鈴木章一
発行所　株式会社講談社
　　　　〒112-8001　東京都文京区音羽2-12-21
電話　　03-5395-4021（編集）
　　　　03-5395-3625（販売）
　　　　03-5395-3615（業務）

印刷所　　共同印刷株式会社
製本所　　大口製本印刷株式会社

定価はカバーに表示してあります。

©石森プロ・東映
Printed in Japan

落丁本・乱丁本は、購入書店名を明記のうえ、小社業務宛にお送りください。送料小社負担にてお取り替えいたします。なお、この本についてのお問い合わせは、第六事業局宛にお願いいたします。
本書のコピー、スキャン、デジタル化等の無断複製は著作権法上での例外を除き禁じられています。
本書を代行業者等の第三者に依頼してスキャンやデジタル化することは、たとえ個人や家庭内の利用でも著作権法違反です。

本書は、2012年に『仮面ライダー大全 平成編 AD2000-2011』として刊行された書籍の「仮面ライダークウガ」から「仮面ライダーディケイド」までを、コンパクト化して再編集したものです。

N.D.C.778　192p　20cm
ISBN978-4-06-526188-0